norsk

Workbook for

NORSK 1

NORDMENN og NORGE

Beginning Norwegian

SECOND EDITION

Answers to written exercises and transcripts now included

Louis E. Janus

The University of Wisconsin Press

ACKNOWLEDGMENTS

I wish to express my gratitude to the following people and organizations for their help in preparing this workbook:

   Kathleen Stokker and Odd Haddal, for providing the material and impetus for writing this work, and for reading and commenting on various drafts;

   Liv Dahl, for reading through the final draft and making suggestions based on her keen linguistic and pedagogical insights;

   David L. Beatty, for reading and critiquing the grammar reviews, and for general editorial assistance;

   Kari Ellen Gade, for help preparing and recording the oral exercises, especially the pronunciation section.

   Barbara A. Riechmann, for preparing the lip and mouth illustrations in the pronunciation section;

   Philip Janus, for reading early drafts of the grammar reviews;

   Carlsen if, International Publishers A/S, Copenhagen, for permission to use six children's rhymes, published in *Du og jeg og vi to*, ed. Grete Janus Hertz (Oslo: Litor, 1978);

   The University of Minnesota Council on Liberal Education Small Grants Program, for its support of this project.

This workbook accompanies *Norsk, nordmenn og Norge*. It gives students written and oral practice with the material presented in the textbook.

The first section (SKRIFTLIGE ØVELSER) is composed of written exercises for chapters 1-20. There are also twelve review chapters which pull together and explain in English various aspects of Norwegian grammar.

The workbook's second section (MUNTLIGE ØVELSER) is meant to be used with the related audio tapes. For each chapter, several excerpts from the textbook are recorded. Under the rubric LEST INN PÅ BÅNDET you will find references to the passage's page *(side)* and line *(linje)* in the textbook. These passages are also marked in the textbook. The readings for six chapters are supplemented by children's rhymes and ditties.

Exercises (ØVELSER) follow the recorded excerpts for most chapters. For each exercise, the first two cue--response pairs are printed as a sample in the workbook. The speakers on the tape first go through these two cue--response examples. Then they start over. You should respond during the pause after each cue, then listen as the speaker gives the proper response.

Each chapter ends with a dictation (DIKTAT) or listening comprehension exercise (LYTTEØVELSE).

The final part of the oral exercises deals with pronunciation (UTTALE). These exercises are not dependent on the chapters in the textbook, but can be used for practice at any time.

Answers to the written exercises and a complete transcript of the oral exercises are provided in the workbook's teachers' manual.

SKRIFTLIGE ØVELSER

GOD DAG

I. SVAR PÅ SPØRSMÅLENE:

   1. Hva heter du?

   2. Er du fra Amerika?

   3. Er du fra Norge?

   4. Hvor er familien din fra?

   5. Heter du Jens?

   6. Heter du Anne?

   7. Hvordan har du det?

II. HVA ER SPØRSMÅLET?

   0. _*Er Jens fra Norge*_?   Ja, Jens er fra Norge.

   1. _____?   Ja, jeg heter Hans.

   2. _____?   Nei, hun heter Anne.

   3. _____?   Nei, du heter Jens.

   4. _____?   Ja, Kari er fra Norge.

   5. _____?   Ja, familien min er fra Amerika.

III. SETT INN 'IKKE':

0. Jeg er fra Norge.

   Jeg er ikke fra Norge.

1. Du heter Jens.

2. Han er fra Norge.

3. Familien din er fra Amerika.

4. Hun heter Kari.

IV. SETT INN PRONOMENET:

0. Kari er fra Norge.

   Hun er fra Norge.

1. Jens er ikke fra Amerika.

2. Er Hans fra Norge?

3. Hvordan har Anne det?

SNAKKER DU NORSK?

I. SVAR PÅ SPØRSMÅLENE:

1. Hvordan har du det?

2. Heter du Jorunn?

3. Er Hansen elev?

4. Forstår Hansen norsk?

5. Er du student?

6. Er du fra Bergen?

7. Snakker du engelsk?

II. SVAR 'NEI':

0. Heter du Hansen?

   Nei, jeg heter ikke Hansen.

1. Er Svein lærer?

2. Snakker Jorunn norsk?

3. Stemmer det?

4. Er jeg fra Oslo?

5. Forstår Kari engelsk?

6. Er du lærer?

III. SKRIV DIALOGEN FERDIG:

Hansen: God dag!

Du: _____! _____?

Hansen: Nei, jeg er ikke student.

Du: _____?

Hansen: Ja, jeg er lærer. Er du fra Norge?

Du: _____.

_____?

Hansen: Jeg er fra Bergen. Snakker du norsk?

Du: _____.

Hansen: Det er alt for i dag. Takk for nå!

Du: _____. _____.

IV. SKRIV BOKSTAVEN 'Æ':

_Æ_ _____ _____ _____ _____

ER DU STUDENT?

I. ER SUBSTANTIVENE 'EN' ELLER 'ET'?

	en	et	
0.	●	0	student
1.	0	0	jobb
2.	0	0	universitet
3.	0	0	fabrikk
4.	0	0	skole
5.	0	0	gang
6.	0	0	kontor

II. SVAR PÅ SPØRSMÅLENE:

0. Har Svein en jobb?

Ja, han har en jobb.

1. Har du en jobb?

Ja,

2. Sover Kari?

Nei,

3. Forstår Anne engelsk?

Ja,

4. Arbeider Jens på en skole?

Ja,

5. Hvor arbeider lærer Hansen?

6. Hva studerer du nå?

7

III. SETT INN RIKTIG FORM AV 'Å VÆRE':

      1. Svein liker ikke _____ elev.

      2. _____ du i Amerika nå?

      3. Jeg _____ i Norge før.

      4. _____ Kari _____ i Minneapolis før?

IV. SETT INN ORDENE SOM MANGLER:

      0. _Hvor_____ gammel er du?

      1. Hun studerer _____ et universitet.

      2. Hva lærer Svein _____ skolen?

      3. Familien min er _____ Oslo nå.

      4. Svein lærer norsk, engelsk _____ historie.

      5. Jeg arbeider _____ et kontor.

      6. Liker du _____ være student?

      7. Kunne du si det en gang _____?

      8. _____ har du det? Bare bra, _____.

V. SKRIV TALLENE:

2 _to_ _ _ _ _ _ _ _   27 _ _ _ _ _ _ _ _

4 _ _ _ _ _ _ _ _ _   39 _ _ _ _ _ _ _ _

8 _ _ _ _ _ _ _ _   45 _ _ _ _ _ _ _ _

11 _ _ _ _ _ _ _ _   51 _ _ _ _ _ _ _ _

12 _ _ _ _ _ _ _ _   63 _ _ _ _ _ _ _ _

14 _ _ _ _ _ _ _ _   72 _ _ _ _ _ _ _ _

16 _ _ _ _ _ _ _ _   86 _ _ _ _ _ _ _ _

18 _ _ _ _ _ _ _ _   98 _ _ _ _ _ _ _ _

20 _ _ _ _ _ _ _ _   104 _ _ _ _ _ _ _ _

PENGER I NORGE

I. SVAR PÅ SPØRSMÅLENE:

1. Har du skrivepapir?

2. Trenger du en penn?

3. Hva koster en linjal?

4. Kjøper du en avis?

5. Arbeider du på et kontor?

6. Hvor studerer du?

7. Har du et spørsmål?

II. SVAR SLIK PÅ SPØRSMÅLENE:

0. Har du en penn?

   Ja, her er pennen.

1. Har du et viskelær?

2. Har du en avis?

3. Har du skrivepapir?

4. Har du en blyant?

5. Har du en linjal?

III. SETT INN 'IKKE':

0. Jeg trenger en blyant.

Jeg trenger ikke en blyant.

1. Hansen er ekspeditør.

2. Vi har kroner og øre i Amerika.

3. Jorunn liker å være elev.

4. Jeg har mange penger.

5. Han kjøper et viskelær.

6. Anne og Ole studerer ved et universitet.

7. Læreren har vært i Oslo.

IV. SKRIV SPØRSMÅLET:

0. _Heter du Kari_____?   Ja, jeg heter Kari.

1. _____?   Nei, han er ikke lærer.

2. _____?   Familien min har vært i Norge.

3. _____?   Ja, han kjøper en avis.

4. _____?   Vi staver det F-A-B-R-I-K-

5. _____?   Nei, du liker ikke å være på skolen.

6. _____?   Jeg er atten år gammel.

7. _____?   Nei, hun var ikke i en buttikk.

V. HVA KOSTER FEMTI ØRE?

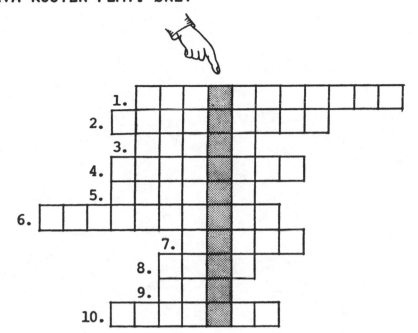

1. Jeg studerer ved et _____.

2. Trettisju pluss sytten er _____.

3. Vi forstår litt _____ nå.

4. Svein kjøper alt dette i _____.

5. Anne er tolv år _____.

6. "Å være eller ikke å være, det er _____."

7. Kari arbeider på en skole. Hun er _____.

8. Liker du å _____ i Amerika?

9. Hvor _____ koster alt dette?

10. Elleve pluss _____ er tjuesju.

I KLASSEVÆRELSET

I. SKRIV OM MED FLERTALL:

0. Jeg har et bilde.

   Jeg har mange bilder.

1. Jeg har en penn.

2. Jeg har et vindu.

3. Jeg har en stol.

4. Jeg har en blyant.

5. Jeg har en pult.

6. Jeg har en linjal.

7. Jeg har et værelse.

II. BRUK ENTALL I SPØRSMÅLENE:

0. *Trenger du bare én*
   avis _____?   Nei, jeg trenger mange aviser.

1. _____?   Nei, jeg trenger mange bilder.

2. _____?   Nei, jeg trenger mange penner.

3. _____?   Nei, jeg trenger mange linjaler.

4. _____?   Nei, jeg trenger mange stoler.

5. _____?   Nei, jeg trenger mange klokker.

6. _____?   Nei, jeg trenger mange vinduer.

III. BRUK BESTEMT FORM FLERTALL I SVARENE:

0. Det er tre gutter her.

   Vi ser ikke guttene der.

1. Det er fem studenter her.

2. Det er seks bilder her.

3. Det er sju aviser her.

4. Det er åtte klasseværelser her.

5. Det er ni elever her.

6. Det er ti vinduer her.

7. Det er elleve piker her.

VI. BRUK BESTEMT FORM ENTALL I SPØRSMÅLENE:

0. Det er et golv i klasseværelset.

   Hvor er golvet?

1. Det er ei klokke i klasseværelset.

2. Det er en lærer i klasseværelset.

3. Det er ei bok i klasseværelset.

4. Det er et vindu i klasseværelset.

5. Det er ei jente i klasseværelset.

6. Det er ei dør i klasseværelset.

7. Det er ei tavle i klasseværelset.

V. HVA ER SPØRSMÅLET?

0. _Arbeider du her___?   Nei, jeg arbeider ikke her.

1. _____?   Ja, jeg liker å være i Norge.

2. _____?   Nei, jeg hadde ikke boka i går.

3. _____?   Jo, han heter Hansen.

4. _____?   Ja, han er lærer her.

5. _____?   Jo, jeg har vært i Oslo før.

6. _____?   Boka var *der* i går.

7. _____?   Han skriver med kritt.

8. _____?   Alt dette koster tretti kroner.

VI. SKRIV OM MED 'I DAG' ELLER 'I GÅR':

0. Jeg har boka i dag.

     Men du hadde ikke boka i går.

0. Jeg hadde blyanter i går.

     Men du har ikke blyanter i dag.

1. Jeg var i klasseværelset i går.

2. Bildene er på veggen i dag.

3. Du var på kontor i går.

4. Han har noen penger i dag.

5. Familien min var i Bergen i går.

17

VII. SETT INN 'Å HA', 'Å VÆRE', 'HAR HATT' ELLER 'HAR VÆRT':

1. Vi _____ _____ i Minnesota før.

2. Liker Anne _____ _____ en jobb?

3. _____ du _____ mange andre jobber?

4. Svein _____ ikke _____ på skolen i dag.

5. Han liker ikke _____ _____ der.

VIII. ER SUBSTANTIVENE 'EN', 'EI' ELLER 'ET'?

	en	ei	et	
0.	●	0	0	pult
1.	0	0	0	jente
2.	0	0	0	tak
3.	0	0	0	lys
4.	0	0	0	vegg
5.	0	0	0	dør
6.	0	0	0	vindu
7.	0	0	0	taklys
8.	0	0	0	tavle
9.	0	0	0	familie
10.	0	0	0	klasseværelse

HJEMME HOS JORUNN

I. SETT INN RIKTIG FORM AV 'Å HA' ELLER 'Å VÆRE':

1. _____ du i norsktimen i går?

2. Læreren _____ _____ mange jobber før.

3. Hun liker _____ _____ jobb på kontor.

4. _____ vi norsktime i dag?

5. _____ du ikke _____ på skolen i dag?

6. Jeg studerer norsk, men jeg liker ikke _____

_____ student.

II. BRUK ENTALL I SVARENE:

0. Er det mange taklys her?

   Nei, det er bare ett taklys her.

1. Er det mange linjaler her?

2. Er det mange stoler her?

3. Er det mange bilder her?

4. Er det mange klokker her?

5. Er det mange bord her?

6. Er det mange jenter her?

7. Er det mange værelser her?

8. Er det mange hus her?

19

III. SETT INN FORMENE SOM MANGLER:

	UBESTEMT		BESTEMT	
	ENTALL	FLERTALL	ENTALL	FLERTALL
0.	en penn	*penner*	*pennen*	*pennene*
1.			bordet	
2.		fabrikker		
3.				jentene
4.	ei bok			
5.		timer		
6.			bildet	
7.	et taklys			
8.			døra	
9.	en mann			
10.				frimerkene
11.		tak		

IV. BRUK RIKTIG PRONOMEN:

0. Leif, forstår ___*du*___ norsk?
   (Leif)

1. _____ skriver et brev til _____.
   (Kari)   (Svein)

2. Bjørn, har _____ sett _____?
             (Bjørn)   (Liv)

3. Bjørn, har _____ sett _____?
             (Liv)   (Bjørn)

4. _____ kjenner _____.
   (Helga)   (Turid)

5. _____ forstår _____.
   (Egil og jeg)   (Bjørg og deg)

6. _____ snakker med _____.
   (Jorunn og Kari)   (Pål og Solveig)

7. Jorunn, Kongen så _____!
                     (Jorunn)

8. Har du sett _____?
               (bøkene til læreren)

V. SETT INN EN PASSENDE INFINITIV:
   Fill in an appropriate infinitive:

0. Dere liker ___*å*_____ ___*se*_____ bilder av nordmenn.

1. Liker Per _____ _____ engelsk?

2. Jorunn liker _____ _____ på døra.

3. Jeg liker _____ _____ brev til deg.

4. Vi liker _____ _____ mange penger.

5. Hansen liker ikke _____ _____ lærer.

6. Gro lærer _____ _____ bøker.

VI.   HVEM LIKER ASTRID?

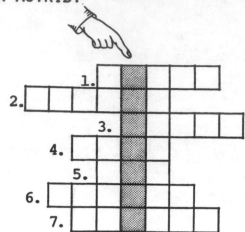

1. Vi leser mange _____.

2. Det er fem _____ i taket i klasseværelset.

3. Hva er klokka? Er ikke timen _____ ennå?

4. "Du har _____, Jorunn. Familien min er
      ikke i Amerika."

5. "Lærer, hvor er du? Jeg ser _____ ikke."

6. Vi lærer å snakke, forstå og _____ norsk i
      norsktimen.

7. En mann kommer og _____ på døra til Jorunn.

Nouns name people, places, and things. In Norwegian, nouns
(*et substantiv*) are divided into three grammatical groups,
called genders (*et kjønn*): masculine (*hankjønn*), feminine
(*hunkjønn*), and neuter (*intetkjønn*). This classification is
to a large extent arbitrary, and you usually cannot guess the
gender of a noun based solely on its form or meaning.

Nouns can appear in several different forms, depending on
whether they are indefinite (*ubestemt*) or definite (*bestemt*),
singular (*entall*) or plural (*flertall*). For an English noun,
say 'house,' these four forms can be schematized like this:

	SINGULAR	PLURAL
INDEFINITE	a house	houses
DEFINITE	the house	the houses

In Norwegian, these forms depend on the gender of the noun.
In this review chapter, we will look at regular nouns in each
gender. A later review chapter (pp.137-141) deals with nouns
which have irregular plurals.

MASCULINE NOUNS. The indefinite article for masculine gender
nouns is *en*. (The English indefinite article is 'a' or 'an.')
We can refer to this class of nouns as *en* nouns. To say
'a boy' in Norwegian, we use the indefinite article *en* plus
the base form of the noun *gutt*. *En gutt* therefore means
'a boy.'

In English, the definite article ('the') comes before the
noun: 'the boy.' Norwegian uses a definite article which
is attached to the end of the noun. For *en* nouns, an -*en* ap-
pears as the ending on the noun. *Gutten* means 'the boy.'
For nouns which end in an unstressed -*e*, the definite form
uses only one *e*: *en skole* means 'a school' and *skolen* means
'the school.'

Indefinite plural forms for *en* nouns regularly end in -*er*:
gutter means 'boys' and *skoler* means 'schools.'

The definite plural form for *en* nouns ends in -*ene*: *guttene*
'the boys' and *skolene* 'the schools.'

FEMININE NOUNS. The singular indefinite article for feminine
nouns is *ei*. *Ei klokke* means 'a clock.' The singular defi-
nite article, which is once again suffixed to the noun, is
-*a*. *Klokka* means 'the clock.' Notice that the final un-
stressed -*e* of *klokke* is removed before adding the -*a*. The
plural endings are identical to the endings used for *en* nouns:
add -*er* (or -*r*) for the indefinite plural and -*ene* (or -*ne*)
for the definite plural.

NEUTER NOUNS. The indefinite article for these nouns is *et*. *Et hus* means 'a house.' An *-et* (or *-t*) is added to the end of the noun to form the definite singular form: *huset* 'the house.'

While the plural forms for *en* and *ei* nouns are identical, there is a subclass of *et* nouns which does not use *-er* as the indefinite plural ending. Generally, *et* nouns with one syllable do not take any ending in the indefinite plural: *et hus* 'a house,' *hus* 'houses.' (Compare these nouns to the class of English nouns like deer and sheep.) It is usually clear from context whether the noun is singular or plural. Compound nouns like *taklys* always take their gender and various forms from the last element in the compound. Thus *taklys* 'ceiling light' behaves exactly like *lys* 'light.'

Et nouns which have more than one syllable (but are not compounds) form their indefinite plurals just like *en* and *ei* nouns: they add *-er* (or *-r*) to the base form of the noun. *Et bilde* 'a picture' has two syllables. Thus its indefinite plural form is *bilder* 'pictures.'

The definite plural ending for all regular *et* nouns is identical to *en* and *ei* nouns: *-ene* (or *-ne*). *Husene* means 'the houses,' *taklysene* 'the ceiling lights,' and *bildene* 'the pictures.'

The chart below summarizes the indefinite articles and endings for regular nouns in Norwegian:

| | SINGULAR | | PLURAL | |
	indefinite	definite	indefinite	definite
en	-en	-er	-ene
ei	-a	-er	-ene
et	-et	{ -- (1 syllable) / -er (2 or more syllables) }	-ene

NOUN REVIEW

Cover this column while answering!

1. Which of the following are <u>not</u> nouns?

   cats
   wow!
   but
   are

   not nouns:

   wow!
   but
   are

2. Does English use a gender system similar to Norwegian?

   Yes   No

   No.   All nouns fall into one class.

3. In Norwegian, do you expect all masculine gender nouns to relate to male humans or animals?

   Yes   No

   No.   For example, en skole, en dame.

4. Is 'the house' indefinite or definite?   *Definite.*

5. Is 'houses' indefinite or definite?   *Indefinite.*

6. Fill in the four forms for <u>en gutt</u>:

   SINGULAR_____PLURAL_____

   INDEFINITE   *en gutt   gutter*

   DEFINITE   *gutten   guttene*

7. Fill in the four forms for <u>ei jente</u>:

   SINGULAR   PLURAL_____

   INDEFINITE   *ei jente jenter*

   DEFINITE   *jenta   jentene*

8. Fill in the endings for these <u>et</u> nouns:

SINGULAR		PLURAL	
indefinite	definite	indefinite	definite
et bilde	bilde__	bilde__	bilde__
et bord	bord___	bord___	bord___

   -t, -r, -ne

   -et, --, -ene

9. What does <u>brevet</u> mean?   *the letter*

10. What does <u>damer</u> mean?   *ladies*

11. What does <u>boka</u> mean?   *the book*

12. How do you say 'the doors'?   *dørene*

13. How do you say 'newspapers'?   *aviser*

JORUNN LEGGER SEG

I. FYLL INN PRONOMENENE SOM MANGLER:

	subjekt	objekt
1.	_____	meg
2.	du	_____
3.	_____	ham
	hun	_____
1.	_____	oss
2.	dere	_____
3.	_____	dem

II. SETT INN ORDENE SOM MANGLER:

1. Magne har noen bøker. Det er bøkene _____ Magne.

2. Jeg var _____ Amerika _____ går.

3. Marit liker _____ skrive brev _____ Egil.

4. Hun skriver alltid _____ norsk.

5. Dere reiser _____ Bergen _____ morgen.

6. Unni arbeider _____ et kontor.

7. Hvor mange gutter er det _____ klassen?

8. Kunne du si det en gang _____?

9. Kommer familien din _____ Amerika?

27

III. SETT INN 'DU' ELLER 'DEG':

1. Gro skriver mange brev til _____.

2. Skriver _____ på engelsk?

3. _____ liker å være i Amerika.

4. Kjenner hun _____?

5. Kjenner _____ henne?

6. Har han sett på _____?

IV. SETT INN RIKTIGE REFLEKSIVE PRONOMENER:

0. Han ser _seg__ i speilet.

1. Hun ser _____ i speilet.

2. Vi ser _____ i speilet.

3. Dere ser _____ i speilet.

4. Ser du _____ i speilet?

5. Jeg ser _____ i speilet.

6. Så de _____ i speilet?

7. Øyvind liker å se _____ i speilet.

8. Eivind og Øyvind har sett _____ i speilet.

9. Liker du å se _____ i speilet?

10. Ser dere _____ i speilet?

V. SETT INN RIKTIG FORM AV 'Å LIGGE' ELLER 'Å LEGGE':

   1. Jeg pleier _____ på golvet.

   2. Hansen _____ seg alltid klokka elleve.

   3. _____ du blyantene på pultene?

   4. Ja, de _____ der nå.

   5. Når liker dere _____ dere?

   6. Hvorfor _____ avisen på stolen?

   7. Hvem _____ krittet på golvet?

VI. SETT INN 'VET' ELLER 'KJENNER':

   1. Hvordan _____ du at han _____ deg?

   2. _____ hun hva vi heter?

   3. Anne _____ Bjørn.

   4. Anne _____ at Bjørn legger seg klokka ni.

   5. _____ de dere?

   6. Vi bor i Bergen. Vi _____ byen.

VII. SVAR 'NEI':

1. Liker Svein seg på skolen?

2. Liker du deg hjemme?

3. Liker vi oss ute?

4. Har Ingrid sett seg i speilet?

5. Liker jeg meg bedre på kontoret?

6. Legger dere dere klokka ti?

7. Liker Jorunn å se på bildene?

8. Liker Pål å være i Norge?

VIII. BRUK PRONOMENER I SVARENE:

0. Leser Aud boka?

   Ja, hun leser den.

1. Liker Liv huset?
   Nei,

2. Ligger Odd på senga?
   Ja,

3. Ser Gerd og Odd på bildene?
   Nei,

4. Har Leif sett Bjørg i dag?
   Ja,

5. Hadde Lars linjalen i går?
   Nei,

6. Sitter Jorunn på stolen?
   Ja,

7. Liker nordmenn å reise?
   Nei,

30

IX. SKRIV DIALOGEN FERDIG:

Du:

Olav: Jeg heter Olav.

Du:

Olav: Jo, jeg er student ved universitetet.

Du:

Olav: Jeg pleier å legge meg klokka tolv.

Du:

Olav: Nei, jeg kjenner henne ikke. Hvorfor det?

Du:

Olav: Hva er klokka?

Du:

Olav: Jeg har time i historie nå. Adjø.

Du:

This review chapter deals with some basic aspects of verbs and the structure of sentences.

Verbs (*et verb*) describe actions or states of being, like 'hit, run, have, feel.' Verbs can be in several forms, depending on how they are used. We will look at some of the forms here, and others in a later review chapter (pp.147-154). For each type we will discuss how to form it, and how it is used.

THE INFINITIVE (*en infinitiv*) is the form you find in dictionaries and glossaries. It is, in a sense, the base or idealized form of the verb, not limited in time or by a subject. In English, 'to eat' does not tell you who is eating or when it happens. The infinitive is occasionally joined by the INFINITIVE MARKER (*et infinitivsmerke*), which is *å* in Norwegian and 'to' in English.

In English, infinitives without the marker are hard to recognize. There is no special ending for them. Norwegian infinitives, however, always end in a vowel. For most verbs, this final vowel is an unstressed -*e*. But some verbs have stressed final syllables which can end with an -*e* or some other vowel.

Up to this point in the textbook, the only use of the infinitive you have seen is after another verb, like *liker å være* or *lærer å snakke*. Other uses of the infinitive will be introduced later.

THE PRESENT TENSE (*presens*) describes actions happening now, happening soon, or generally happening. The form of the present tense verb varies in English depending on the subject ('I eat. He eats'). In Norwegian, the present tense form is invariable. Almost all verbs add -*r* to the infinitive to form the present tense, which then can be used with all subjects. The present tenses of *å være, å vite, å gjøre,* and *å spørre* are irregular, and must be learned separately.

VERB REVIEW

Cover this column while answering!

1. Which of the following are <u>not</u> verbs?

   pretty
   grow
   street
   later

   not verbs:
   pretty
   street
   later

2. Can the infinitive describe actions which happened in the past?

   Yes   No

   no

3. What is the infinitive marker in Norwegian?

   å

4. Which of the following are <u>not</u> Norwegian infinitives?

   ser
   gjøre
   hadde
   tro

   ser
   hadde

5. How do you say 'He likes to sleep'?

   Han liker å sove.

6. How do you say 'She is learning to walk'?

   Hun lærer å gå.

7. Do you have to use the infinitive marker in sentences 5. and 6.?

   Yes   No

   yes

8. If *er* means 'is,' in *hun er*, what would the verb form be for 'we are'?

   ----

   er

9. Write the present tense form for these infinitives.

   å arbeide   _____   *arbeider*

   å bo   _____   *bor*

   å hete   _____   *heter*

10. What are the present tense forms for:

   å være   _____   *er*

   å gjøre   _____   *gjør*

   å spørre   _____ 35 *spør*

Before going on to sentence structure, we should compare one more aspect of English and Norwegian present tenses which frequently causes trouble when students translate from English into Norwegian.

Compare these sentences:

1. I speak English.
2. I do speak English. } 1. *Jeg snakker engelsk.*
3. I am speaking English.

English uses three types of constructions for these sentences. Norwegian permits only one. The student who tries to translate the English sentences word-for-word will no doubt have trouble with the words 'do' and 'am' in sentences 2. and 3.

Now we will summarize some things you have seen about Norwegian sentence structure. In simple declarative sentences in Norwegian, the subject (S) comes before the verb (V):

<u>S</u>	<u>V</u>	
Vi	*sover.*	
Hun	*snakker*	*norsk.*

In sentences which have several elements in the verb, we will pay particular attention to the verbal element which comes first. That is the element which can change its tense, and can change its position relative to the subject. We'll call that element <u>V</u>:

<u>S</u>	<u>V</u>	
Han	*har*	*sett filmen før.*
Svein	*liker*	*å tulle.*

Questions reverse the relative positions of <u>S</u> and <u>V</u>. For questions which require only a 'yes' or 'no' answer, the sentence starts with the <u>V</u>, and the <u>S</u> follows. Questions which require new information to be given start with an interrogative (*et spørreord*), and <u>V</u>-<u>S</u> follow:

(<u>interrogative</u>)	<u>V</u>	<u>S</u>	
	Sover	*du?*	
	Liker	*Svein*	*å tulle?*
	Har	*du*	*sett filmen før?*
Hva	*heter*	*hun?*	

VERB REVIEW

1. How do you say 'She is counting'?

   Hun teller.

2. How do you say 'Leif is here'?

   Leif er her.

3. Why do you have a translation for 'is' in sentence 2., but <u>not</u> in sentence 1.?

   The present tense <u>teller</u> trans<u>lates</u> 'is counting'. <u>Is</u> is the verb <u>in</u> sentence 2.

4. Translate: They do stop.

   De stopper.

5. Translate: They do it.

   De gjør det.

6. Translate: They are doing it.

   De gjør det.

7. What is the subject in this sentence:

   Odd og Magne kjenner Aud.

   Odd og Magne

8. What is the verb in the sentence above?

   kjenner

9. In simple declarative sentences, what is the relative order of <u>S</u> and <u>V</u>?

   <u>S--V</u>

10. What is the subject in this question:

    Pleier han å snakke norsk?

    han

11. In questions, what is the relative order of <u>S</u> and <u>V</u>?

    <u>V--S</u>

12. Does that order remain the same in questions with interrogatives?

    yes

13. In a verb like <u>har</u> <u>sett</u>, with more than one element, which word are we referring to when we use the shorthand <u>V</u>?

    har

Many English questions use a form of 'to do':

> Do you like to eat?

> Did she speak English?

This 'do' is similar to the 'do' constructions we discussed before. It is part of the structure of English questions and must not be translated when forming Norwegian questions. The same warning goes for forms of 'to be' which are linked in English questions to '-ing' forms of verbs:

> Does Anne write letters?   *Skriver Anne brev?*

> Is Anne writing letters?

So far in this review, we have been talking about positive statements and questions. Now, we'll look at how negative sentences are formed.

We will keep the same definition of <u>V</u> which we used before: the first element of a verb if there is more than one.

The word *ikke* generally comes after the <u>V</u> in the types of setnences we've been discussing:

<u>S</u>	<u>V</u>	<u>-ikke-</u>
Jeg	*ser*	*ikke tavla.*
Jeg	*har*	*ikke sett læreren.*
Jeg	*liker*	*ikke å gjøre det.*

In sentences with a pronoun, <u>ikke</u> comes after the pronoun as well.

<u>S</u>	<u>V</u>	<u>pronoun</u>	<u>ikke</u>
Jeg	*ser*	*henne*	*ikke*
Svein	*kjenner*	*dem*	*ikke*

Note the word order in questions:

> *Arbeider ikke Svein?*

> *Arbeider han ikke?*

> *Forstår du meg ikke?*

Once again the rule is that *ikke* follows the <u>V</u>, but pronouns come between the <u>V</u> and *ikke*.

But compare these sentences with more than one verbal element:

> *Svein liker ikke å se dem.*

> *Svein har ikke sett dem.*

Here, the object pronoun does not intrude between <u>V</u> and *ikke*

because the pronoun comes after all the verbal elements.

We see the same pattern when the pronoun is the object of a preposition:

Svein har ikke sett på dem.

Anne skriver ikke til deg.

1. How do you say 'Do they speak Norwegian?'

*Snakker de
norsk?*

2. How do you say 'Are we stopping?'

Stopper vi?

3. Where would you put *ikke* in each of these sentences?

Jeg^1 er^2 elev^3.

2 S--V--ikke

Pål^1 hadde^2 boka^3.

2 S--V--ikke

Vi^1 har^2 sett^3 kongen^4 før^5.

2 S--V--ikke

Hun^1 liker^2 å^3 bo^4 i^5 Oslo^6.

2 S--V--ikke

Øystein og Gro^1 kjenner^2 Øyvind^3.

2 S--V--ikke

Øystein og Gro^1 kjenner^2 ham^3.

*3 S--V--pronoun
ikke*

Forstår^1 Kåre^2 norsk^3?

1 ikke after V

Forstår^1 han^2 norsk^3?

*2 ikke after
pronoun*

Så^1 hun^2 ham^3?

*3 ikke after
pronoun*

Har^1 vi^2 sett^3 på bildene^4?

*2 ikke after
pronoun*

Har^1 vi^2 sett^3 på dem^4?

*2 dem is object
of preposi-
tion*

LA OSS SPISE!

I. SETT INN 'DEN', 'DET', 'DE' ELLER 'DEM':

1. _____ er ei imponerende bok. _____ er
   imponerende.

2. _____ er et imponerende smørbrød. _____ er
   imponerende.

3. _____ er imponerende bilder. _____ er
   imponerende.

4. _____ er en imponerende klasse. _____ er
   imponerende.

5. Han bor i et hus. Har du sett _____?

6. Er bøkene på pulten? Nei, _____ er på golvet.

7. Pennene er på skrivebordet. Skriver du med
   _____?

II. SETT INN RIKTIG FORM AV VERBET I PARENTES:

1. _____ du _____ i Norge før? (å være)

2. Når pleier du _____? (å legge seg)

3. _____ vi norsk nå? (å lese)

4. Dere _____ mange penger i går. (å ha)

5. Vi _____ dem i butikken i går. (å se)

6. De liker _____ på tavla med kritt.
   (å skrive)

7. Hvorfor _____ du dette? (å gjøre)

8. Studentene _____ _____ norsk.
   (å lære, å snakke)

III. BRUK 'SKAL' I SVARENE:

0. Skriver du brevene nå?

   Nei, jeg skal skrive dem i morgen.

1. Kjøper du boka nå?

2. Gjør du dette nå?

3. Studerer du norsk nå?

4. Sover du nå?

IV. BRUK 'VIL':

0. Olav spiser kake.

   Jeg vil også spise kake!

1. Olav pusser tennene.

2. Olav arbeider på fabrikk.

3. Olav banker på døra.

4. Olav er hjemme hos Liv.

V. SKRIV SETNINGENE SOM MANGLER:

0. Dere må snakke norsk! *Vi kan ikke snakke norsk.*

1. Dere må gå på skole! _____.

2. _____ Vi kan ikke kjøpe avisene.

3. Dere må legge dere! _____.

4. _____ Vi kan ikke stå der borte.

5. Dere må telle videre! _____.

VI.   SVAR 'JA' OG BRUK PRESENS:

   0. Skal du pusse tennene?

      Ja, jeg pusser tennene nå.

   1. Vil du drikke kaffe?

   2. Kan du skrive på norsk?

   3. Må du legge deg?

   4. Kan du se deg i speilet?

   5. Vil du være her på skolen?

   6. Må du gjøre dette?

   7. Skal du spørre meg?

VII. SETT INN 'NOEN' ELLER 'NOE':

   1. Jeg må ringe til _____ i dag.

   2. Jeg liker å drikke _____ til frokost.

   3. Jeg har spist _____ småkaker.

   4. Pleier du å spise _____ ved 5-tiden?

   5. _____ holder gaffelen i venstre hånd.

   6. Så du _____ i butikken du vil kjøpe?

   7. Vi har ikke _____ penger.

VIII. SKRIV SETNINGENE FERDIG, BRUK MINST TRE ORD TIL.
Complete the sentences using at least three more words.

1. Nordmenn pleier _____.

2. Hvorfor har jeg _____?

3. Hva skal _____?

4. Familien min må _____.

5. Hvordan _____?

6. Dere vil _____.

7. Spiste _____?

8. Hvem har _____?

In this review chapter, we will take a look at pronouns
(*et pronomen*). Pronouns (for example, 'he, she, they,'
and 'them') can take the place of nouns or names.

In Norwegian (as in English) the form of a noun or name re-
mains the same regardless of whether it occurs as the subject
or an object in the sentence. As you will see in the examples
below, objects can be classified as direct objects, indirect
objects, or objects of prepositions.

    Noun as subject:

        Pennen ligger på bordet.
        Jens så på Kari.

    Noun as object:

        Vi kjøpte pennen. (direct object)
        Jeg skriver med pennen. (object of preposition)
        Vi sender mannen et brev. (indirect object)

Most pronouns, on the other hand, have distinct forms for
subject and object use. As a shorthand, we will use the
following grammatical terminology when we are talking about
pronouns:

    1st person - the speaker(s)
    2nd person - the person or people being spoken to
    3rd person - the person or people or thing(s) spoken
               about.

The following chart summarizes the personal pronouns in
Norwegian. 1st, 2nd, and 3rd persons all have singular and
plural forms, and each category has subject and object forms.
Asterisks mark categories or distinctions which we lack in
English. Particular attention must be paid to those forms
for that reason.

	SINGULAR		PLURAL	
	SUBJECT	OBJECT	SUBJECT	OBJECT
1st person	jeg	meg	vi	oss
2nd person				
informal*	du*	deg* ⎫	dere*	dere*
formal*	De*	Dem* ⎭		
3rd person				
masculine	han	ham		
feminine	hun	henne		
inanimate			de	dem
en gender* ⎫	den*	den*		
ei gender* ⎭				
et gender	det	det		

Here are several hints which may help you remember some of these forms:

The forms which require most attention for many students are the 2nd person singular informal, the forms you would use when talking to a friend or relative. You can't rely on your English sense to help you decide when to use *du* and when *deg*; English does not have separate subject and object forms for 'you.' It might be helpful to use the analogy with *jeg* and *meg*, since English does differentiate between 'I' (subject) and 'me' (object). If, in a particular sentence, you can substitute *meg* in the slot in question, then you want to choose *deg*. If *jeg* works, then so does *du*. On tests, students call this type of choice a *du* or *deg* situation.

The formal 2nd person forms are rarely used in Norway today. The forms *De* and *Dem* are identical to the forms for the 3rd person plural, except that the *d* is capitalized out of respect. The plural form *dere* is used for both subject and object. It might be helpful to think of *dere* as meaning something like "y'all."

Norwegian has two words for 'it': *den* and *det*. When you want to use a pronoun instead of a noun, you must choose the proper form. If the noun is an *en* or *ei* word, *den* is used if the noun is not mentioned in the sentence.

> *Her er en stol. Jens sitter på den.*
> *Jeg ser ei klokke. Den er på veggen.*

Det replaces *et* nouns in the same way. But *det* also is used to point out the existence of something. It is used with all three genders. In these constructions, the noun is mentioned in the sentence:

> *Jeg skriver et brev. Det er på norsk.*
>
> *Det er et bilde på veggen.*
> *Det er en penn på bordet.*
> *Det er ei bok på pulten.*

Det is also used with plural nouns!

> *Det er fem stoler her.*
> *Er det mange studenter i klassen?*

PRONOUN REVIEW

1. Circle the subject in each of the following sentences:

   a. Læreren sukker.

   b. Barna legger seg klokka ti.

   c. Gerd og Marit skriver til Anna og Per.

   d. Kommer Arne?

2. Underline the objects in these sentences:

   a. Mannen så barna.

   b. Mannen så på frimerkene.

   c. Åse kjøpte et hus.

   d. Jon må ringe til læreren.

   e. Hans sender brevene til guttene.

3. The following sentences in English are addressed to various people. What Norwegian word for 'you' would you use in each sentence, if you were translating into Norwegian?

   a. Pål, you weren't here yesterday.

   _____

   b. Jon and Helga, mother wants to talk to you. _____

   c. Ingrid, has Erik written to you?

   _____

   d. Torhild and Solveig, can you speak Norwegian? _____

4. Now continue to translate the rest of these sentences into Norwegian in your head, but write the translations for the pronouns underlined:

   a. We are sitting down. _____

   b. Aud lost her pens. She can't find them. _____ _____

   c. Kåre can understand us. _____

   d. Egil bought a newspaper. He is reading it now. _____ _____

   e. Could they write me a letter?

   _____ _____

51

Answer column:

a. Læreren

b. Barna

c. Gerd og Marit

d. Arne

a. barna

b. frimerkene

c. et hus

d. læreren

e. brevene, guttene

a. du

b. dere

c. deg

d. dere

a. Vi

b. Hun, dem

c. oss

d. Han, den

e. de, meg

When the object of a verb or a preposition is the same person or thing as the subject of the sentence, we say we are dealing with a REFLEXIVE pronoun (*et refleksivt pronomen*). In English, the suffix -self or -selves is used on reflexive pronouns. Reflexive pronouns are underlined below:

John wrote <u>himself</u> a long letter.
Are you writing a long letter to <u>yourself</u>?

In Norwegian, the reflexive pronouns take the same form as the object pronouns for 1st and 2nd person:

Jeg så på <u>meg</u>.	'I looked at <u>myself</u>.'
Du så på <u>deg</u>.	'You looked at <u>yourself</u>.'
Dere så på <u>dere</u>.	'You looked at <u>yourselves</u>.'
Vi så på <u>oss</u>.	'We looked at <u>ourselves</u>.'

For the 3rd person, however, the reflexive pronoun has a different form. For all 3rd person subjects, the reflexive pronoun is <u>*seg*</u>.

Han så på <u>seg</u>.	'He looked at <u>himself</u>.'
Hun så på <u>seg</u>.	'She looked at <u>herself</u>.'
Den så på <u>seg</u>.	
Det så på <u>seg</u>.	'It looked at <u>itself</u>.'
Anne så på <u>seg</u>.	'Anne looked at <u>herself</u>.'
De så på <u>seg</u>.	'They looked at <u>themselves</u>.'
Jens og Anne så på <u>seg</u>.	'Jens and Anne looked at <u>themselves</u>.'

Did you notice that in the examples given above, *seg* is used with <u>all</u> 3rd person subjects: singular and plural, noun and pronoun, masculine, feminine, and inanimate?

Some verbs in Norwegian normally take a reflexive pronoun, but the English equivalent uses a non-reflexive construction:

å legge seg   means 'to go to bed'

å like seg   means 'to be happy or pleased'

å føle seg   means 'to feel (at home or welcome)'

When the infinitives of these reflexive verbs are given in dictionaries or glossaries, the reflexive pronoun listed is <u>*seg*</u>. In sentences, of course, the proper reflexive pronoun is determined by the subject.

PRONOUN REVIEW

Cover this column while answering!

1. Reflexive pronouns are used when the objects refer to the same person or thing as the _____.

   1. *subject*

2. Do these sentences use reflexive pronouns? (yes/no)

   a. John wrote himself a letter. _____

   a. yes

   b. John wrote him a letter. _____

   b. no

   c. We called them on the telephone._____

   c. no

   d. She wanted to buy herself a new car. _____

   d. yes

3. Do these Norwegian sentences use reflexive pronouns? (yes/no)

   a. Jeg kjenner deg. _____

   a. no

   b. Dere vasker dere. _____

   b. yes

   c. De ser på meg. _____

   c. no

   d. Føler du deg hjemme her? _____

   d. yes

   e. Arne pleier å legge seg klokka ti. _____

   e. yes

4. With which of the following subjects would you use the reflexive pronoun *seg?*

   jeg, hun, dere, piken, guttene, vi, Åse

   hun, piken, guttene, Åse

5. Fill in the appropriate reflexive pronouns:

   a. Vi ser _____ i speilet.

   a. oss

   b. Hunden vasker _____.

   b. seg

   c. Har dere penger med _____ i dag?

   c. dere

   d. Har Jens og Hans sett på _____ i speilet?

   d. seg

   e. Føler Jorunn _____ hjemme?

   e. seg

   f. Når legger du _____?

   f. deg

HUSET

I. SKRIV OM OG BRUK ORDENE I PARENTES:

0. Magne skriver med penn. (må)

    Magne må skrive med penn.

1. Aud studerer kjemi. (vil)

2. Astrid leser mange bøker. (liker)

3. Egil forstår ikke Turid. (kan)

4. Åse er i Norge nå. (trenger)

5. Gjør Odd dette? (skal)

6. Hilser Bjørg på damen? (må)

7. Gutten snakker norsk. (lærer)

8. Elevene ser på klokka. (vil)

II. SKRIV OM OG BRUK 'LA':

0. Jeg vil stå.

    La meg stå!

1. Hun vil lese dette.

2. Vi vil spise.

3. Han vil gå.

4. De vil legge seg.

5. Jeg vil stoppe her.

V. BRUK DEN RIKTIGE FORMEN AV EIENDOMSPRONOMENENE
'MIN', 'DIN', 'HANS' ELLER 'HENNES':

0. Har du et hus?

   Læreren kan ikke finne huset ditt.

1. Har han noen bøker?

2. Har jeg et kjøleskap?

3. Har hun ei tavle?

4. Har han fire glass?

5. Har jeg ei dør?

6. Har du noen brev?

7. Har jeg en blyant?

8. Har hun et fjernsyn?

VI. BRUK DEN RIKTIGE FORMEN AV EIENDOMSPRONOMENENE
'VÅR', 'DERES' ELLER 'DERES':

0. Vi kjøper noen bilder.

    Bildene våre er imponerende.

1. De kjøper et skrivebord.

2. Dere kjøper en fabrikk.

3. Vi kjøper ei bok.

4. Dere kjøper et hus.

5. De kjøper noen hus.

6. Vi kjøper noen møbler.

7. Vi kjøper et kaffebord.

VII. BRUK EIENDOMSPRONOMENER I SVARENE:

0. Kan du finne bildene til Åse?

    Ja, her er bildene hennes.

1. Kan du finne blyantene til Leif?

2. Kan du finne fjernsynet til Egil og Helga?

3. Kan du finne platespilleren til Gerd?

4. Kan du finne tavla til gutten?

5. Kan du finne fisken til jenta?

6. Kan du finne huset til onkelen din?

VIII. SETT STREK UNDER HELE SUBJEKTET OG SLÅ SIRKEL RUNDT
DET BØYDE VERBET:
*Underline the entire subject and circle the conjugated
verb:*

0. Kari og jeg (liker) å spise ved 4-tiden.

1. Jeg så boka di på værelset ditt i går kveld.

2. Nordmenn pleier å holde gaffelen i venstre hånd.

3. Jorunn og Turid kommer ikke før klokka sju i morgen.

4. Han sukker, ser på papirene på skrivebordet og

    arbeider videre.

5. Åse har vært her før.

6. Forstår hun mye norsk allerede?

7. Skal vi ikke snakke norsk hjemme?

8. Vi må ikke gjøre dette her nå!

IX. SKRIV OM OG BEGYNN SETNINGENE MED ORDENE SOM ER GITT:
    Rewrite these sentences, beginning with the words
    provided:

A   Vi spiste fisk og poteter til middag i går kveld.

    0. Fisk og poteter   *spiste vi til middag i går kveld.*

    1. Til middag

    2. I går kveld

    3. Spiste

B. Nordmenn pleier å si "Takk for maten" etter et måltid.

    4. "Takk for maten"

    5. Etter et måltid

    6. Pleier

C. Dere vil ikke gjøre dette her nå.

    7. Nå

    8. Dette

    9. Her

    10. Vil

D. Vi legger oss ved elleve-tiden hos oss.

    11. Hos oss

    12. Ved elleve-tiden

    13. Legger

In an earlier review chapter (pp. 36-41), we saw that in normal declarative sentences, the subject (S) comes before the verb (V):

   S   V

   Han kommer til byen i morgen.

Questions use the order V--S: V   S

   with interrogative: Når kommer han til byen?

             V   S

   without interrogative: Kommer han til byen?

One more aspect of word order will be discussed in this short review chapter. A declarative sentence does not always start with the subject. For emphasis or stylistic variation, we can move another element to the first position in the sentence. When this happens in Norwegian, the order of the subject (S) and verb (V) is inverted from the normal S--V. Below we will look at several types of elements which cause inversion (*inversjon*) when they fill the first slot in the sentence.

          1   2

	1	2	
NORMAL	Vi	drikker	ofte kaffe i Norge.
INVERTED			
direct object	Kaffe	drikker	vi ofte i Norge.
adverb	Ofte	drikker	vi kaffe i Norge.
prepositional phrase	I Norge	drikker	vi ofte kaffe.

Notice that the V is always in slot 2. Remember that V stands for the first part of a verb in a compound. In sentences which have inverted V--S then, the S comes between the two parts of the compound:

     S V

NORMAL Han har vært i Norge før.

       V S

INVERTED I Norge har han vært før.

      V S

   Før har han vært i Norge.

The rules for *ikke* placement are the same as they are for questions:

NORMAL   Han kommer ikke til byen i morgen.
            (S — Han, V — kommer)

               Hun vil ikke se på fjernsyn nå.
            (S — Hun, V — vil)

INVERTED   I morgen kommer han ikke til byen.
            (V — kommer, S — han)

               Nå vil hun ikke se på fjernsyn.
            (V — vil, S — hun)

FAMILIEN

I. ER SUBSTANTIVENE 'EN', 'EI' ELLER 'ET'?

	en	ei	et
0. hånd	●	0	0
1. par	0	0	0
2. brødskive	0	0	0
3. by	0	0	0
4. værelse	0	0	0
5. seng	0	0	0
6. frimerke	0	0	0
7. dame	0	0	U
8. jente	0	0	0
9. pike	0	0	0
10. vindu	0	0	0
11. dør	0	0	0

II. SKRIV SETNINGENE FERDIG:

1. Jeg har to foreldre: én _____ og én_____.

2. Du har fire søsken: to _____ og to _____.

3. Han har to bestemødre og to bestefedre.

   Han har fire _____.

4. Moren til Jorunn har to foreldre.

   Det er _____ og _____ til Jorunn.

5. Dere har ti barn: fem _____ og fem_____.

6. De har seks søskenbarn: tre _____ og tre_____.

III. SKRIV FORMENE SOM MANGLER:

| ENTALL | | FLERTALL | |
UBESTEMT	BESTEMT	UBESTEMT	BESTEMT
0. en sønn	*sønnen*	*sønner*	*sønnene*
1. en far			
2.	moren		
3.		døtre	
4.			tantene
5. en onkel			
6.	fetteren		
7.		nieser	
8.			nevøene
9. en bror			
10.	barnet		
11. XXXXXXX	XXXXXXX	søsken	
12. XXXXXXX	XXXXXXX		foreldrene

IV. SKRIV OM OG BRUK PRONOMENER ISTEDENFOR NAVN:
     *Rewrite, replacing names with pronouns. Make all other
     changes necessary:*

0. Jens vil kjøpe boka til Anne.

    Han vil kjøpe boka hennes.

1. Leif har ikke sett Liv før.

2. Familien til Aud og Egil vil kjøpe huset til Åse.

3. Helga må snakke med læreren til Jens.

4. Bestefaren til Jorunn liker ikke Svein.

5. Har fetterne til Lars og Pål vært hjemme hos Gro?

6. Øystein og Eivind må skrive et brev til Turid og
    Kari.

7. Marit kjenner ikke Karin og Kari.

V. HVA MÅ VI KJØPE?

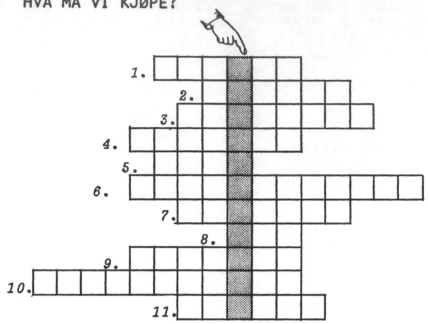

Til frokost liker vi å ____1._____ kaffe.

_____2.____ hun mange penger når hun arbeider?

Ei brødskive med pålegg heter et ____3._____.

Det er et ____4._____ og en ____5._____ på badet.

Farfaren min og morfaren min er __6._____ mine.

Nordmenn pleier å holde gaffelen i ____7._____ hånd.

Ha det ____8.____!

Til ____9._____ spiser vi egg.

Kusinene mine og fetterne mine er ____10.____ mine.

Ved 5-tiden pleier nordmenn å spise __11._____.

JOURNALISTEN DAG KROGSTAD
SKRIVER OM FAMILIEN BAKKE

I. SVAR PÅ SPØRSMÅLENE:

0. Hvem er gift med faren hans?

   Moren hans er gift med faren hans.

1. Hvem er gift med mormoren hennes?

2. Hvem er søsteren til faren vår?

3. Hvem er barna til foreldrene dine (og <u>ikke</u> deg)?

4. Hvem er sønnene til tantene og onklene mine?

5. Hvem er faren til faren deres?

6. Hvem er barna til barna til Åse og Pål?

II. SKRIV SETNINGENE FERDIG:

0. Jeg legger meg alltid klokka elleve.

   Jeg legger meg alltid klokka elleve.

1. Du _____.

2. Mette _____.

3. _____ dere _____.

4. De _____.

5. _____ oss _____.

III. SKRIV SETNINGENE ETTER MØNSTERET, BRUK 'Å FØLE SEG HJEMME':

0. Aud og Odd ønsker meg velkommen.

   Nå føler jeg meg hjemme.

1. Aud og Odd ønsker ham velkommen.

2. Aud og Odd ønsker oss velkommen.

3. Aud og Odd ønsker henne velkommen.

4. Aud og Odd ønsker dem velkommen.

5. Aud og Odd ønsker dere velkommen.

6. Aud og Odd ønsker deg velkommen.

IV. BRUK IMPERATIV:

0. Vi skal studere seinere.

   Studer nå!

1. Vi skal se på bøkene seinere.

2. Vi skal spørre læreren seinere.

3. Vi skal spise smørbrødet seinere.

4. Vi skal si ordene seinere.

5. Vi skal lage frokost seinere.

6. Vi skal bruke tavla seinere.

7. Vi skal være på skolen seinere.

V. SETT INN DEN RIKTIGE FORMEN AV VERBET:

1. Vil dere _____ Marit for meg? (to introduce)

2. Han _____ godt i går kveld. (to sleep)

3. Dere _____ at det er fjernsynet til læreren.
   (to know)

4. Liker du _____ besteforeldrene dine?
   (to visit)

5. La oss _____ henne som et barn. (to treat)

6. _____ ikke! Barna _____ nå.
   (to talk; to fall asleep)

7. Noen grønnsaker _____ bra her i Norge.
   (to grow)

8. _____ tennene før du _____!
   (to brush; to go to bed)

9. _____ hun _____ her ofte før? (to be)

10. Gerd og Unni _____ velkommen hos familien
    Hansen. (to feel)

11. _____ vi _____ i norsktimen?
    (may; to sleep)

12. Bestefaren hans er gammel, men han _____
    ennå. (to live)

VI. SETT INN PREPOSISJONENE SOM PASSER:

1. _____ første etasje er det et kjøkken og
   ei stue.

2. Bonden bor _____ en gård _____ landet.

3. Vi spiser frokost _____ 7-tiden.

4. Kåre arbeider _____ en fabrikk mens kona hans
   arbeider _____ en avis.

5. Hun liker å studere _____ et universitet.

6. De forstår engelsk, men vi skriver brev _____
   dem _____ norsk.

7. Har du vært hjemme _____ Kari?

8. Spiste du kjøtt eller fisk _____ middag i
   går?

9. Vi så viskelæret hans, men vi kan ikke finne
   blyanten _____ Solveig.

10. Læreren min er en mann _____ åtti-årene.

11. Barna dine tar henne _____ hånden mens de
    smiler _____ henne.

12. Elevene presenterer læreren _____ foreldrene.

13. Kusinen din ligner _____ Hans.

PÅ BESØK HOS FAMILIEN BAKKE

I. SETT STREK UNDER HELE SUBJEKTET OG SLÅ SIRKEL RUNDT DET
BØYDE VERBET:

0. Pål og jeg (reiser) til Oslo i morgen.

1. Familien hennes liker å bo i byen.

2. Lisbet og Gunnar dyrker korn.

3. Der pleier korn å vokse bra.

4. Læreren til Gro må besøke foreldrene hennes.

5. Har du spist maten din?

6. Det er boka deres.

7. I Norge pleier vi å snakke norsk.

8. Sover Siri på et soveværelse i annen etasje?

9. Familien Roe så seg omkring på landet.

10. Bøker interesserer deg.

II. BRUK DET RIKTIGE EIENDOMSPRONOMENET:

0. Jeg trenger et viskelær.

   Hvor er viskelæret ditt?

1. Hun trenger en traktor.

2. Vi trenger ei dør.

3. Jeg trenger bilder.

4. Dere trenger et egg.

5. Du trenger skrivepapir.

6. De trenger søsken.

7. Ingeborg trenger en linjal.

8. Leif og Torleif trenger en avis.

9. Han trenger en skje.

10. Hun trenger et hus.

III. SETT INN DET RIKTIGE PRONOMENET:

0. Liv står foran speilet. Hun ser _seg___ i det.

1. Jeg vil besøke Per og Ole, men først må jeg skrive

   til _____.

2. Ved 11-tiden legger vi _____.

3. Får jeg presentere Aud, eller kjenner du _____

   allerede?

4. Dere har ikke vært her før. Se _____ omkring!

5. Føler du _____ hjemme her?

6. Bjørg er hjemme. Liv kommer og besøker _____

   hjemme hos _____.

7. Arne liker _____ hjemme. Han pleier å sitte

   og lese hjemme hos _____.

8. Jeg kan ikke finne blyantene mine. Har du sett

   _____?

IV. SKRIV OM OG BRUK EIENDOMSPRONOMENER ISTENDENFOR
NAVNENE I PARENTES:

0. Lise leser boka (til Lise).

   Lise leser boka si.

1. Jens, bor brødrene (til Jens) i utlandet?

2. Hans, bor søstrene (til Jens) i Danmark?

3. Har du sett stabburet (til Ole og Åse)?

4. Lærer Hansen ser på avisen (til lærer Hansen).

5. Læreren (til Gro) må snakke med foreldrene (til Gro).

6. Kåre og datteren (til Kåre) er på besøk hos Kari og
   sønnen (til Kari).

7. Kan Siri og Lars finne pengene (til Siri og Lars)?

8. Familien (til Erik) ringer til Erik i morgen.

9. Det er soveværelset (til Anne).

V. SETT INN DEN RIKTIGE FORMEN AV VERBET I PARENTES:

1. I går _____ dere på en restaurant. (å spise)

2. Pleier Hans _____ i norsktimen? (å sove)

3. Vi har ikke _____ på boka di. (å se)

4. Han _____ det ofte nå. (å si)

5. Har du _____ hos familien Sten ennå? (å være)

6. _____ ordet 'imponerende'! (å stave)

7. Anna _____ slektningen sine i fjor. (å besøke)

VI. SKRIV GRUNNTALLENE OG ORDENSTALLENE:

	GRUNNTALL		ORDENSTALL	
0.	5	fem	.5.	femte
1.	11		11.	
2.	6		6.	
3.	18		18.	
4.	23		23.	
5.	31		31.	
6.	92		92.	
7.	64		64.	
8.	88		88.	
9.	16		16.	
10.	20		20.	

VII.   STRYK UT ORDET SOM IKKE PASSER:

0. Han føler (~~ham~~ / seg) velkommen.

1. Krogstad (vet / kjenner) ekteparet Bakke.

2. Torhild og jeg er på besøk hos søsteren
   (henne / hennes).

3. Vi besøker (henne / hennes).

4. Krogstad (vet / kjenner) at Bakke er bonde.

5. Dere skal reise til (både / begge) Sverige og
   Danmark.

6. Hva slags grønnsaker (dyrker / vokser) her?

7. (Både / Begge) jentene leser bøkene sine.

8. Slektningene mine (sa / så) seg omkring i byen.

9. (Hvor / Hvordan) mye koster alt dette?

10. Skal vi vekke (du / deg) ved 6-tiden?

11. Har du hatt (noe / noen) å drikke?

12. Hvorfor (ligger / legger) bøkene våre på golvet?

This review chapter will focus on several types of possessive constructions. Throughout this chapter, we will pay attention to the structure of phrases and sentences which use possessives. The first possessive construction you learned was used when the owner was mentioned by name:

> *boka til Jorunn*   'Jorunn's book'
> *blyantene til Svein*   'Svein's pencils'

This form can also be used when the owner is mentioned using a noun, instead of the name:

> *boka til guttene*   'the boys' book'
> *blyantene til læreren* 'the teacher's pencils'

We can write out a formula for this type of possessive construction showing the relationship between the owner and the item owned:

ITEM		OWNER
[ ]	*til*	[ ]
noun in definite		name or noun

Since it is often inconvenient to repeat the name of the noun which stands for the owner, we can use a possessive pronoun (*et eiendomspronomen*) in its place. We can say 'John's car,' or if it is clear we are talking about John, we could say 'his car.'

In Norwegian, some possessive pronouns have different forms depending on the gender and number of the item which is possessed. Other possessive pronouns have only one form, which is used for all genders, singular and plural.

First, we'll look at non-reflexive possessive pronouns, next at the invariable ones. Then we'll examine reflexive possessives.

The possessive pronouns for 'my' and 'your' (informal, singular) have similar forms, so we will look at them at the same time.

These forms are used when the speaker (first person) is the owner:

> *min* with *en* gender singular nouns
> *mi*   with *ei* gender singular nouns
> *mitt* with *et* gender singular nouns
> *mine* with all plural nouns.

For second person singular, informal, the forms used are:

> *din* with *en* gender singular nouns
> *di*   with *ei* gender singular nouns
> *ditt* with *et* gender singular nouns
> *dine* with all plural nouns.

These pronouns can be used in constructions like:

Huset mitt er der borte. 'My house is over there.'
Blyanten din er på bordet. 'Your pencil is on the table.'
Det er bøkene mine.   'They are my books.'

The following formula shows how you form possessive constructions in which the owner is referred to with a pronoun:

ITEM	OWNER
noun in definite	possessive pronoun

Notice that as in the previous formula we made up, the item which is owned is mentioned <u>before</u> the owner. Also in both, the item owned is in the definite. Compare English usage for both of these points:

huset til Jorunn   *huset hennes*
Jorunn's house   her house

These possessives can also stand alone, or predicatively, linked to a noun by a linking verb.

Blyanten er min.   'The pencil is mine.'
Huset er ditt.   'The house is yours.'
Bøkene er mine.   'The books are mine.'

In this type of possessive construction also, the pronoun must agree in gender and number with the item possessed.

While there are four forms for *min* and *din*, there are only three for the possessive pronoun meaning 'our' or 'ours':

vår is used for singular *en* and *ei* nouns
vårt is used for singular *et* nouns
våre is used for all plural nouns.

For example:

Det et stolen vår.   'It is our chair.'
Det er klokka vår.   'It is our clock.'
Det er bildet vårt.   'It is our picture.'
Det er husene våre.   'They are our houses.'

The rest of the non-reflexive possessive pronouns are
invariable. They have only one form, which is used with all
nouns, regardless of gender and number. *Hans* means 'his,'
hennes 'her, hers,' *dens* and *dets* mean 'its,' *deres* means
either 'your(s)' (owned by *dere*) or 'their(s)' (owned by *de*).
Deres (with a capital <u>D</u>) means 'your(s)' (owned by *De*).

This chart summarizes all of the non-reflexive possessive
pronouns as well as the corresponding subject and object
personal pronouns:

	SINGULAR			PLURAL		
	SUBJ.	OBJ.	POSS.	SUBJ.	OBJ.	POSS.
1st person	*jeg*	*meg*	*min-mi-mitt-mine*	*vi*	*oss*	*vår-vårt-våre*
2nd person informal	*du*	*deg*	*din-di-ditt-dine*	*dere*	*dere*	*deres*
formal	*De*	*Dem*	*Deres*			
3rd person masculine	*han*	*ham*	*hans*	*de*	*dem*	*deres*
feminine	*hun*	*henne*	*hennes*			
inanimate						
en/ei et noun	*den*	*den*	*dens*			
et noun	*det*	*det*	*dets*			

Hints and Suggestions

1. The confusion which might arise between *deres* (meaning 'their'), *deres* (meaning 'your'--belonging to *dere*), and *Deres* which means 'your(s)'--belonging to *De*, is usually cleared up by knowing the context in which the possessive is used. We usually know what is under discussion, and can figure out if the item owned belongs to 'you' or 'them.'

2. The English pronoun 'her' has two functions: object and possessive. These have distinct forms in Norwegian: *henne* is the object form:

   Jeg så henne.   'I saw her.'

hennes is the possessive form:

   Det er boka hennes.   'It is her book.'

It might help you to remember that the possessive form (*hennes*) ends in -s, like all the other invariable possessive pronouns (*hans*, *deres*).

3. English has two forms for some of the possessives: my/mine, your/yours, her/hers, our/ours, your/yours, their/theirs. When the possessive stands alone, without direct connection to the noun, the longer form (mine, yours) is used.

   The picture is mine.
   It is my picture.

This distinction is not made in Norwegian:

   Bildet er mitt.
   Det et bildet mitt.

4. Students who try to translate word-for-word will have the following problems:

	English	Norwegian
	my house	*huset mitt*
a. word order	owner first	item first
b. form of item	indefinite	definite
c. agreement with noun	none in English	necessary in Norwegian for some possessives (*min--mi--mitt--mine*)

POSSESSIVE PRONOUN REVIEW

Cover this column
while answering!

1. In the possessive constructions we've
   been looking at, what form is the item
   in?

   indefinite   definite

   1. definite

2. Fill in the correct possessive pronouns.
   (The subject pronoun tells you who owns
   the item.)

   2.

   a. (jeg) blyanten ____; brevene _____;

      klokka _____.

      a. min; mine;

      mi

   b. (han) linjalen _____; senga _____;

      papiret _____.

      b. hans; hans;

      hans

   c. (vi) skolen _____; glassene _____;

      barnet _____.

      c. vår; våre;

      vårt

   d. (de) kontoret _____; pennene_____;

      stua _____.

      d. deres; deres;

      deres

   e. (hun) frimerket _____;

      bøkene _____;

      avisen _____.

      e. hennes;

      hennes;

      hennes

3. Would you use *henne* or *hennes* in
   translating these sentences?

                   henne   *hennes*

   a. Her family is in Norway.   0   0   *a. hennes*

   b. The book is hers.   0   0   *b. hennes*

   c. I bought a flower for her. 0   0   *c. henne*

   d. Give me her pen.   0   0   *d. hennes*

   e. Give her my pen.   0   0   *e. henne*

4. How do you say 'Pål's table'?_____   *4. bordet til Pål*

   'our table' _____   *bordet vårt*

   'your table' (du) _____   *bordet ditt*

   'your table' (dere) _____   *bordet deres*

There is a special set of possessive pronouns in Norwegian which is used when an item is possessed by the subject of the sentence, and that subject is in the third person. (You recall the special reflexive pronoun *seg*, discussed on pp. 52-53.)

The reflexive possessive pronouns (*et refleksivt eiendomspronomen*) *sin--si--sitt--sine* are used whenever an item is owned by the subject of the sentence, which is in the third person. Depending on the subject, these reflexive possessives can mean 'his,' 'her(s),' 'its,' 'their(s).' The form of this pronoun must agree in gender and number with the possessed item(s), in just the same way that the forms *min--mi--mitt--mine* must agree with the possessed item.

Pay attention to these sample sentences and their meanings (the subjects are underlined in all examples below):

Pål skriver til fetteren sin.
'Pål is writing to his cousin.'

Marit ringer til barnet sitt.
'Marit is calling her child.'

De liker å besøke slektningene sine.
'They like to visit their relatives.'

Now consider this English sentence:

Olav gave Odd his book.

We don't really know whose book Odd got: Olav's, Odd's, or someone else's. But the Norwegian sentence:

Olav gav Odd boka si

tells us immediately that it is Olav's book, because *si*, the reflexive possessive pronoun can only be used when the owner is the subject of the sentence. On the other hand, the sentence:

Olav gav Odd boka hans

can only mean that the book Odd got was not Olav's.

Hints and Suggestions

Remember that when the reflexive possessive is used, the subject of the sentence owns the object. Therefore, a reflexive possessive can never be used <u>in</u> the subject of the sentence. You cannot use a form of *sin* in sentences like:

<u>His</u> <u>brother</u> lives here.
<u>Jens</u> <u>and</u> <u>his</u> <u>brother</u> live here.

You also cannot use a form of the reflexive possessive in sentences in which *det* is the subject (unless it clearly stands for some noun which is the owner of an item). Sentences like the following would never have a form of *sin:*

<u>Det</u> *er blyanten hennes.*   'It is her pencil.'
<u>Det</u> *er bildene deres.*   'They are their pictures.'

When you are trying to decide if a reflexive pronoun (*seg*) or a reflexive possessive (*sin, si, sitt, sine*) should be used in a sentence, you must first know exactly what the entire subject of the sentence is. If the subject is the same person or thing as the object, and the subject is in the third person, you should use *seg*. If the subject is the owner of the item, and is in the third person, use the reflexive possessive, *sin, si, sitt,* or *sine.*

Cover this column while answering!

1. Underline the entire subject in these sentences:

   a. Harald is talking to his mother.

   b. Harald and his mother are talking.

   c. It is his mother.

   d. You are talking to your mother.

a. *Harald*

b. *Harald and his mother*

c. *It*

d. *You*

2. If you translated the sentences in 1. into Norwegian, which of them would use the reflexive possessive *sin?*

       a.   b.   c.   d.

2. *only a.*

3. Can the reflexive possessive appear as part of the subject?

       yes   no

3. *no*

4. What would *si* mean in English if you translated these sentences:

   a. Hun finner klokka si.

   b. Hans finner klokka si.

   c. De finner klokka si.

   d. Læreren finner klokka si.

   e. Kari og Anna finner klokka si.

4.

a. *her*

b. *his*

c. *their*

d. *his*

e. *their*

TURIST I OSLO

I. ER SUBSTANTIVENE 'EN', 'EI' ELLER 'ET'? SKRIV OGSÅ
UBESTEMT FLERTALL FOR HVERT ORD:

	en	ei	et		ubestemt flertall
0.	●	0	0	penn	*penner*
1.	0	0	0	menneske	
2.	0	0	0	barnebarn	
3.	0	0	0	søster	
4.	0	0	0	bonde	
5.	0	0	0	onkel	
6.	0	0	0	kusine	
7.	0	0	0	fetter	
8.	0	0	0	datter	
9.	0	0	0	sønn	
10.	0	0	0	far	
11.	0	0	0	ord	
12.	0	0	0	klokke	
13.	0	0	0	skje	
14.	0	0	0	fabrikk	
15.	0	0	0	værelse	
16.	0	0	0	skrivebord	
17.	0	0	0	kelner	
18.	0	0	0	kone	

II. FYLL INN FORMENE SOM MANGLER:

| ENTALL | | FLERTALL | |
UBESTEMT	BESTEMT	UBESTEMT	BESTEMT
0. en uke	*uken*	*uker*	*ukene*
1. et barn			
2.	læreren		
3.		senger	
4.			årene
5. en nordmann			
6.	programmet		
7.		museer	
8.			dørene
9. et teater			
10.	hotellet		
11.		ting	

90

III. HVA ER SPØRSMÅLET? STILL SPØRSMÅL OM DEN
UNDERSTREKEDE DELEN AV SVARET:
Ask about the underlined part of the answer:

0. *Når reiser hun*___? Hun reiser den 6. oktober.

1. _____? Egg spiste vi til frokost.

2. _____? Jeg sov bra, takk.

3. _____? Jens bor på landet.

4. _____? Sonja er trettifem år gammel.

5. _____? Jeg vil presentere Olav for
                         deg.

6. _____? Solveig leser interessante
                         bøker.

7. _____? Han holder gaffelen i
                         venstre hånd.

IV. BRUK FLERTALL I SVARENE:

0. Jeg spiser et rødt eple.

   Røde epler spiser vi også.

1. Jeg besøker et stort museum.

2. Jeg ser på en interessant ting.

3. Jeg bruker et dyrt kjøkkenbord.

4. Jeg har en fin penn.

5. Jeg bor på et fullt hotell.

6. Jeg tar et bilde av en høy bygning.

7. Jeg lager en fin statue av Karl Johan.

V. BRUK ENTALL I SVARENE:

0. Har du noen billige flagg?

   Jeg har bare ett billig flagg.

1. Ser du på noen moderne bygninger?

2. Leser du noen lange bøker?

3. Spiser du noen saftige appelsiner?

4. Kjenner du noen hyggelige steder?

5. Gjør du noen imponerende ting?

6. Kjøper du noen nye kjøleskap?

7. Går du i noen norske teatre?

VI. SETT INN ADJEKTIV SOM PASSER. BRUK IKKE NOE ADJEKTIV
MER ENN ÉN GANG: *Fill in fitting adjectives. Do not
use an adjective more than once.*

1. Vi har et _____ værelse på et
   _____ hotell.

2. Eplene er _____ og _____.

3. Jeg må kjøpe en _____ blomst.

4. Vi så et _____ skuespill i et
   _____ teater.

5. Alle _____ kafeer er _____.

6. Oslo har to _____ torg.

7. En _____ bygning ligger ved
   siden av en _____ park.

billig
deilig
dyr
fargerik
fin
full
grønn
hvit
høy
interessant
lang
norsk
ny
populær
rimelig
rød
stor

VII. HVOR MANGE NORSKE ORD KAN DU FINNE?

```
o v f e t t e r e i s e r
m i d d a g b o k k e o ø
k l e v k u e n e k i s d
r s t e l l e k j e n t e
i a t d y t i d o q e å r
n f j ø s p ø r r e r æ e
g t a r i m e l i g e p s
```

<u>vannrett</u>   <u>loddrett</u>

0. *reise*   0. *vil*

MER OM OSLO

I. FYLL INN ORDENE SOM MANGLER:

0. (stor) _ei_ _stor_ klokke, _et_ _stort_ hus,

    _en_ _stor_ vegg, _noen_ _store_ katter

1. (norsk) _____ _____ bok, _____ _____ student,

    _____ _____ smørbrød, _____ _____ slektninger

2. (ny) _____ _____ stuer, _____ _____ park,

    _____ _____ teater, _____ _____ tavle

3. (billig) _et_ _____ fjernsyn, _____ _____

    møbler, _____ _____ seng, _____ _____ linjal

4. (grønn) _____ _____ plante, _____ _____ pære,

    _____ _____ klær, _____ _____ teppe

5. (kjent) _noen_ _____ skuespill, _____ _____ sted,

    _____ _____ kvinne, _____ _____ dagbok

6. (moderne) _____ _____ spisestue, _____ _____

    lys, _____ _____ platespiller, _____ _____

    bilder

95

II. SVAR SLIK PÅ SPØRSMÅLENE:

0. Var du der i går?

   Nei, men jeg går dit nå.

1. Var du nede i går?

2. Var du oppe i går?

3. Var du ute i går?

4. Var du hjemme i går?

5. Var du inne i går?

6. Var du borte i går?

7. Var du der inne i går?

8. Var du der borte i går?

9. Var du der nede i går?

10. Var du der ute i går?

III. STRYK UT ORDENE SOM IKKE PASSER:

0. Vi liker å sitte (der nede / ~~dit ned~~) ved havna.

1. Arbeider du (der inne / dit inn) ?

2. Vi pleier å sove (her oppe / hit opp) .

3. Han reiser (borte / bort) i morgen.

4. Vil dere ta bussen (hjemme / hjem) ?

5. Besteforeldrene hans bor (her ute / hit ut) .

6. Vi må ikke gjøre dette (her nede / hit ned) .

7. Så du skipet (der borte / dit bort) ?

8. Kan du komme (her / hit) et øyeblikk?

9. (Der / Dit) skal jeg sitte og lese avisen.

10. Har hun vært (hjemme / hjem) hele dagen?

11. Ligger papirene (der / dit) på golvet?

12. Vi gikk (inne / inn) i butikken.

IV. SKRIV OM OG BRUK IMPERFEKTUM:

Vi har det hyggelig. Vi tar båten ut til Bygdøy og ser
oss omkring litt. Ute på Bygdøy er det mange mennesker og
noen sier at alle restaurantene er fulle. Vi sier at vi er
sultne, men vi går til Vikingskipmuseet for å se skipene.
Vi besøker også noen andre museer. Vi kommer hjem seinere,
spiser god mat og sover bra.

V. BRUK DISSE SUBSTANTIVENE MED ADJEKTIV, LAG SETNINGER:

0. jente / klær   *Ei pen jente kjøper nye klær.*

1. skip / havn

2. spillemann / hardingfele

3. statue / teater

4. værelse / teppe

5. mat / kafé

6. journalist / land

VI. SKRIV FERDIG DISSE SETNINGENE:

0. Hvorfor må vi   *besøke farfar i dag?*

1. Nordmenn pleier å

2. I annen etasje

3. Presenter

4. I fjor

5. Norske hoteller

6. Her nede ved havna

7. Turistene på Bygdøy

8. Når skal du

9. Der borte

MER OM MAT OG SPISESKIKKER I NORGE

I. FYLL INN ORDENE SOM MANGLER:

0. (fin) _et_ _fint_ glass, _en_ _fin_ dag,

   _ei_ _fin_ bok, _noen_ _fine_ frimerker

1. (trøtt) _____ _____ ku, _____ _____ menneske,

   _____ _____ gutter, _____ _____ kelner

2. (morsom) _____ _____ opplevelser, _____ _____

   jente, _____ _____ kveld, _____ _____ besøk

3. (liten) _____ _____ by, _____ _____ teatre,

   _____ _____ slott, _____ _____ halvøy

4. (viktig) _____ _____ kvinner, _____ _____

   måltid, _____ _____ stue, _____ _____ gris

5. (gammel) _____ _____ dagbok, _____ _____ nevø,

   _____ _____ universitet, _____ _____ møbler

6. (norsk) _____ _____ bunad, _____ _____ øy,

   _____ _____ lærere, _____ _____ tre

7. (annen) _____ _____ kafé, _____ _____ teater,

   _____ _____ brødskive, _____ _____ bønder

(I. FYLL INN ORDENE SOM MANGLER-- FORTSATT)

8. (sulten) _____ _____ hund, _____ _____ katter,

   _____ _____ ku, _____ _____ dyr

9. (ny) _et__ _____ år, _____ _____ bøker,

   _____ _____ pult, _____ _____ dør

10. (interessant) _____ _____ jobb, _____ _____ kone,

    _____ _____ dansere, _____ _____ museum

II. STRYK UT ORDET SOM IKKE PASSER:

0. Grønnsaker (~~dyrker~~ / vokser) bra i Norge.

1. Hvor (ligger / legger) Nationaltheatret?

2. Snart må dere (ligge / legge) dere.

3. Han (sitter / setter) i lenestolen.

4. Pleier du å (ligge / legge) bøkene på senga?

5. Hvorfor (sitter / setter) Sigrid seg på sofaen?

III. SETT INN DET REFLEKSIVE PRONOMENET OM DET TRENGES:
Add the reflexive pronoun if necessary:

0. Vi så __oss_ omkring i sentrum.

1. Hun legger _____ avisen på skrivebordet.

2. Jeg setter _____ ved kaffebordet.

3. Åse sitter _____ ved kjøkkenbordet.

IV. SKRIV OM OG BRUK PERFEKTUM:

0. Jeg hadde noen interessante opplevelser.

   Jeg har hatt noen interessante opplevelser før.

1. Vi tok bussen dit ut.

2. Gjestene hans kom på besøk.

3. Du var ikke ute på Bygdøy.

4. Tor og Tore spiste grønnsakene sine.

5. De besøkte henne ikke.

6. Turistene gikk hele veien opp til toppen.

7. De kom dessverre ikke ned.

V. SETT INN PREPOSISJONENE SOM MANGLER:

1. Tromsø ligger nord _____ Oslo.

2. Vi reiser til Sverige _____ juli.

3. Kristine så et skuespill _____ Ibsen.

4. Klokka er ti _____ elleve. (10.50)

5. Han kommer _____ besøk _____ lørdag.

6. Mannen står _____ høyre _____ kona si.

7. Alle gjestene pleier å smake _____ desserten.

8. Barna har lyst _____ å lage middag.

9. Foreldrene har lyst _____ noe å drikke.

10. Forsyn dere _____ sausen!

11. Han har et fint værelse _____ hotellet.

12. Søsknene våre bor _____ utlandet

VI. KRYSSORD

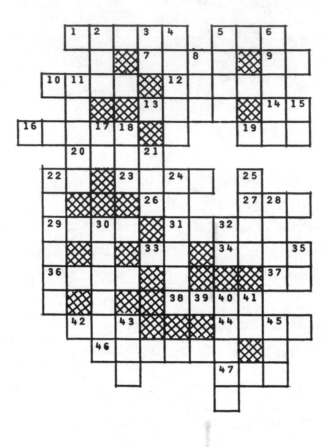

VANNRETT *(across)*

[1] motsatt *(opposite)* av *venstre*

[5] far og _____

[7] motsatt av *nede*

[9] Til dessert har jeg lyst på _____.

[10] presens av *skulle*

[12] Julius Cæsar kunne ikke snakke norsk. Han kunne snakke _____.

[13] En _____ er en mann som har gjester på besøk hos seg.

[14] infinitiv av *gikk*

[16] søsteren til mor eller far

[19] motsatt av *her*

[20] sønnen til broren eller søsteren

[22] infinitiv av *så*

[23] Jeg skal _____ mange penger fra bestemoren min.

[26] _____ ku

[27] _____ legger du deg? Jeg legger meg kl. 10.

[29] motsatt av *stort*

[31] Mange vet om hotellet. Det er et _____ hotell.

[33] motsatt av *inn*

[34] Det du sa var riktig. Du hadde _____.

[36] motsatt av *sør*

[37] _____ pære

[38] partisipp av *å gå*

[42] Jeg tar et smørbrød med skinke og _____.

[44] Jeg arbeider. Jeg har en _____.

[46] 10. (ordenstall)

[47] Jeg er mett. Jeg har spist _____.

LODDRETT *(down)*

[2] Vi tok båten dit ut til _____.

[3] Ta det med _____!

[4] I Norge spiste vi røde, grønne og gule _____.

[5] Jeg er forsynt. Jeg er _____.

[6] Han pleier å _____ før han kommer.

[8] Jeg vil ha et _____ smørbrød.

[11] imperfektum av *kan*

[15] Det er tolv måneder i et _____.

[17] Kaffe eller _____?

[18] Adam var gift med _____.

[21] I Norge bruker vi kroner og _____.

[22] Vi har lyst til å spise. Vi er _____.

[24] Det er _____ å lære alle ordene.

[25] motsatt av *ute*

[28] 8 (grunntall)

[30] Noen som besøker et annet sted er en _____.

[32] presens av *å være*

[35] 10 (grunntall)

[39] Vi kom for _____ spise.

[40] Liker han å _____ mange penger når han arbeider?

[41] 2 (grunntall)

[43] Smil _____ gjestene!

[45] motsatt av *foran*

TURIST I BERGEN

I. BRUK RIKTIG FORM AV 'GOD' OG 'LITEN' I SVARENE:

0. Hvordan er blyanten?

    Det er en god, men liten blyant.

1. Hvordan er eplet?

2. Hvordan er klærne?

3. Hvordan er kommoden?

4. Hvordan er bildet?

5. Hvordan er boka?

6. Hvordan er veggmaleriene?

II. BRUK BESTEMT FORM AV SUBSTANTIVENE:

0. Byen er stor.

    Jeg ser den store byen.

1. Lampa er rød.

2. Skipet er fint.

3. Barna er trøtte.

4. Bøkene er nye.

5. Bildet er pent.

6. Kafeen er full.

III. SKRIV OM MED FLERTALL:

0. Båten er tysk.

   Alle båtene er tyske.

1. Fiskeren er sulten.

2. Dagen er grå.

3. Bergenseren er morsom.

4. Hotellet er dyrt.

5. Skipet er gammelt.

6. Gata er vakker.

7. Boka er interessant.

IV. SKRIV OM OG BRUK RIKTIG FORM AV 'LITEN':

0. Jeg liker store hus.

   Jeg liker ikke små hus.

1. T.V.-stua er stor.

2. Vi reiser med det store toget.

3. Vi ville kjøpe en stor fabrikk.

4. Vi så den store parken og de store kafeene.

5. Hun spiste et stort eple.

V.   SKRIV OM OG BRUK IMPERFEKTUM:

        Jeg må fortelle deg det! Jeg ser noe morsomt
der borte. Det er et stort vikingskip som jeg vil
se litt bedre på. Det har et rart dragehode og ser
ut som et stort gammelt dyr. Jeg går opp til skipet.
Det står en gammel mann ved skipet, og han sier at
bestemoren hans er der inne. Han får ikke snakke
med henne. Jeg har lyst til å gå, men jeg tar
allikevel et bilde. Vil bestemoren til den gamle
mannen komme ut? Spiser hun og sover hun inne i
skipet? Skriver hun ei lang bok, kanskje?

VI.   BRUK RIKTIGE EIENDOMSUTTRYKK:

0. Jeg kjøper en gård.
     Hvor er gården din?
0. Læreren kjøper ei hytte.
     Hvor er hytta til læreren?
1. Hun kjøper noen bøker.

2. Dere kjøper en båt.

3. Ingrid kjøper et dragehode.

4. De kjøper et hus.

VII. SKRIV SETNINGENE FERDIG:

 1. Bergen er en stor by som _____.

 2. Jeg ser en mann der borte som _____.

 3. Folk som kommer fra Norge _____.

VIII. SVAR SLIK PÅ SPØRSMÅLENE:

 0. Ser du den store båten?

  Ja, den er meget stor.

 1. Ser du det grønne treet?

 2. Ser du den rare stua?

 3. Ser du det høye fjellet?

 4. Ser du den vakre brygga?

 5. Ser du det gamle slottet?

IX. BRUK EIENDOMSUTRYKK BÅDE MED OG UTEN ADJEKTIV:

 0. Jeg har et hus. Jeg har et rødt hus.

  Det er huset mitt. *Det er det røde huset mitt.*

 1. Hun har en avis. Hun har en norsk avis.

 2. Vi har noen radioer. Vi har noen dyre radioer.

 3. Han har en linjal. Han har en lang linjal.

 4. Olsen har en gård. Olsen har en liten gård.

Adjectives *(et adjektiv)* are words which modify nouns. They can describe, define, or tell us something more about the noun. Words like 'big,' 'juicy,' and 'delicious' are adjectives.

In English, an adjective has the same form regardless of which noun it modifies. There is no difference for singular or plural, indefinite or definite nouns. In Norwegian, adjectives are said to "agree" with the noun. Most adjectives have several forms. The proper choice of form depends on the noun's gender, number, and whether the noun is definite or indefinite.

The dictionary form or base form of an adjective is the form used to modify indefinite singular *en* nouns. For most adjectives, the other forms are composed of the base form plus an ending.

We will look first at adjectives which follow the most general pattern, then at the adjectives which follow other patterns.

Adjectives in this first and most regular group have three different forms. As mentioned above, the dictionary form is used to modify indefinite singular *en* nouns:

> *en god blyant.*

The same form is also used to modify singular, indefinite *ei* nouns:

> *ei god bok.*

There are only two adjectives (which we will deal with later) which have separate forms for *en* and *ei* nouns.

The second form for these regular adjectives is used for modifying indefinite singular *et* nouns. This form is composed of the base form plus -*t*:

> *et godt hus.*

Adjectives which modify indefinite plural nouns add an -*e* to the base form of the adjective. The gender of the noun is not relevant in forming the adjective in the plural:

> *gode blyanter*
> *gode bøker*
> *gode hus.*

The three forms of an adjective used to modify indefinite nouns are:

1. base form, used for indefinite singular *en* and *ei* nouns   PEN
2. base form + *t*, used for indefinite singular *et* nouns   PENT
3. base form + *e*, used for all indefinite plural nouns   PENE

These indefinite forms which we have been looking at are used when the adjective plus noun form one unit, like

et godt hus.

They are also used when the noun and adjective are joined through a linking verb. In sentences like

Huset er godt

the adjective is used predicatively. Here, the adjective is introducing new information about the noun, not just describing it, as in

et godt hus.

Even though *huset* in the sentence above is definite, we use the indefinite form of the adjective, *godt*.

After the review questions on the next page, we will turn our attention to adjectives which are used to modify definite nouns. In other words, we know how to say 'a pretty flower' and now we want to say 'the pretty flower.'

The form of the adjective is quite simple, as we will see, but the structure of the adjective + noun phrase needs closer scrutiny.

1. Which of the following words are <u>not</u> adjectives?

> boat
> however
> tall
> oh!

not adjectives:
boat
however
oh!

2. Since the noun will determine which form of an adjective must be used, let's look at the relevant aspects of some nouns. Mark all appropriate circles:

	en	ei	et	sing	pl	indef	def
a.fjernsynet:	0	0	0	0	0	0	0
b.døtrene:	0	0	0	0	0	0	0
c.bilder:	0	0	0	0	0	0	0
d.ei stue:	0	0	0	0	0	0	0

Answer key:

	e n	e i	e t	s g	p l	i n d	d e f
a.	○	○	●	●	○	○	●
b.	●	○	○	○	●	○	●
c.	○	○	●	○	●	●	○
d.	○	●	○	●	○	●	○

3. The dictionary form for 'expensive' is <u>dyr</u>.

How do you say 'an expensive hotel'?   *et dyrt hotell*

"   "   "   "   'an expensive lamp'?   *ei dyr lampe*

"   "   "   "   'expensive tables'?   *dyre bord*

"   "   "   "   'expensive buildings'?   *dyre bygninger*

"   "   "   "   'an expensive building'?   *en dyr bygning*

4. What does <u>fulle gater</u> mean?   *full streets*

<u>et</u> <u>fint</u> <u>bilde</u>?   *a fine picture*

<u>ei</u> <u>hvit</u> <u>dør</u>?   *a white door*

<u>høye</u> <u>fjell</u>?   *high mountains*

5. Since <u>fjell</u> has the same form in both singular and plural, how could you decide which to use in the translation of <u>høye</u> <u>fjell</u>, above?

-e in høye indicates that it is modifying a plural noun

Except in the rarest of cases, the form of an adjective that modifies a definite noun is identical to the form of the adjective that modifies an indefinite plural noun. You will recall that for the regularly formed adjectives we have been looking at, the plural form of the adjective has an *-e* added to the base form. Thus the form *gode* would be used for both plural indefinite nouns and for all definite nouns.

As you know, nouns form their definite singular and plural forms by adding suffixes in Norwegian:

*bygning**en***	'the building'
*d**ø**ra*	'the door'
*epl**et***	'the apple'
*p**æ**re**ne***	'the pears.'

When these nouns are modified by adjectives, an "extra" definite article is added as a free-standing definite article before the adjective. *Den* is used for *en* and *ei* singular nouns, *det* for singular *et* nouns, and *de* for all plural nouns:

*den store bygning**en***	'the big building'
*den store d**ø**ra*	'the big door'
*det store epl**et***	'the big apple'
*de store p**æ**re**ne***	'the big pears.'

These free-standing definite articles are used only when there is an adjective present. Some students tend to forget that nouns in the definite <u>without</u> adjectives do <u>not</u> use the "extra" definite article.

You may find it helpful to think of these three components when you form an adjective + definite noun phrase:

1. the free-standing definite article *(den, det* or *de)*,
2. the adjective, formed in most cases by adding *-e* to the base form, and
3. the noun in the definite, with its normal definite suffix *(-en, -a, -et,* or *-ene)*.

1. Let's review the suffixed endings used
   to form definite nouns:

   How do you say 'the house'?   *huset*

   'the houses'?   *husene*

   'the boat'?   *båten*

   'the boats'?   *båtene*

   'the pear'?   *pæra*

2. Add the proper endings to these adjec-
   tives:

   pen___ værelser   *-e*

   høy___ bygninger   *-e*

   populær___ steder   *-e*

   In general, adjectives modifying
   plural nouns add what to their
   base forms? ___   *-e*

3. How do you say 'a big house'?   *et stort hus*

   'the big house'?   *det store huset*

   'the big houses'?   *de store husene*

   'the houses'?   *husene*

   (If you were tempted to use two Nor-
   wegian words for 'the houses,' you
   have begun to translate word-for-word.
   Re-read the sections about definite
   noun formation in the noun review
   chapter, and on the previous page.)

4. Fill in the missing parts to these
   adjective + definite noun phrases:

I.	II.	III.		*I.*	*II.*	*III.*
____	rød__	eplet		*det*	*-e*	
den	fargerik__	blomst___			*-e*	*-en*
____	dyr__	hotellene		*de*	*-e*	

Several spelling conventions affect the forms of a few
plural and definite adjectives. (A later review chapter will
take up these spelling conventions in more detail.)
Note that in these adjectives, the plurals and definites
are slightly irregular:

> *en morsom mann*   'an amusing man'
> *morsomme menn*   'amusing men.'

The *m* is doubled before adding the regular ending -*e*.

Adjectives like *sulten* show the following irregularity:

> *en sulten turist*   'a hungry tourist'
> *sultne turister*   'hungry tourists.'

In *sultne*, the unstressed -*e* from the base form *sulten* is
dropped when the ending -*e* is added.

The same loss of unstressed -*e* occurs in:

> *en vakker dag*   'a beautiful day'
> *den vakre dagen*   'the beautiful day.'

In this case (as in *gammel* - *gamle*) one of the double con-
sonants is also dropped from the base form.

Up to this point in this chapter, we have been talking about
adjectives which have three different forms. Now we look at
the remaining types of adjectives. Most of them have fewer
than three forms (because several functions share a single
form). But we'll begin with two adjectives which have more
than three forms.

The adjective which means 'little' has five (count 'em)
different forms, and therefore requires special attention:

> *liten* modifies indefinite singular *en* nouns,
> *lita*   "   "   "   *ei* " ,
> *lite*   "   "   "   *et* " ,
> *lille*   "   all definite singular nouns, and
> *små*   "   all plural nouns (definite and indefinite).

Compare the forms used in these phrases:

> *en   liten gutt*   'a little boy'
> *ei   lita jente*   'a little girl'
> *et   lite barn*   'a little child'
> *den lille gutten*   'the little boy'
> *den lille jenta*   'the little girl'
> *det lille barnet*   'the little child'
>   *små   gutter*   'little boys'
> *de   små   jentene*   'the little girls'
>   *små   barn*   'little children'
> *de   små   barna*   'the little children'

Cover this column while answering!

What type(s) of noun can these adjectives modify?

	en	ei	et	sg	pl	ind	def		en	ei	et	sg	pl	ind	def
1. høyt	○	○	○	○	○	○	○		○	○	●	●	○	●	○
2. rød	○	○	○	○	○	○	○		●	●	○	●	○	●	○
3. dyre A.	○	○	○	○	●	○	○		●	●	●	○	●	●	●
B.	○	○	○	○	○	○	●		●	●	●	○	●	○	●

4. Do you have to know the gender of a noun to form an adjective which modifies it in the plural?

     YES   NO

No, regular adjectives add -e to the base form for plurals

5. What type of noun can these forms of <u>liten</u> modify?

	en	ei	et	sg	pl	ind	def		en	ei	et	sg	pl	ind	def
lite	○	○	○	○	○	○	○		○	○	●	●	○	●	○
lita	○	○	○	○	○	○	○		○	●	○	●	○	●	○
små	○	○	○	○	○	○	○		●	●	●	○	●	●	●
liten	○	○	○	○	○	○	○		●	○	○	●	○	●	○
lille	○	○	○	○	○	○	○		●	●	●	●	○	○	●

6. How do you say 'a little school'?

    en liten skole

   'the little apples'?

    de små eplene

   'little apples'?

    små epler

   'the little clock'?

    den lille klokka

   'a little island'?

    ei lita øy

   'a little cafe'?

    en liten kafé

   'the little prince'?

    den lille prinsen

7. How do you spell the plural form for <u>gammel</u>?

    gamle

8. How do you spell the definite form for <u>morsom</u>?

    morsomme

The adjective *annen* has four forms. Like *liten*, it has
distinct forms for indefinite singular *en* and *ei* nouns.
But unlike *liten*, the form for the plural is identical to
the form for the definite:

en annen gutt	'another boy'
ei anna jente	'another girl'
et annet barn	'another child'
andre gutter	'other boys'
den andre jenta	'the other girl'
de andre barna	'the other children.'

Now we'll turn our attention to adjectives which have fewer
than three forms. Many adjectives end in *-ig* or in *-lig*.
These adjectives have only two forms. The base form is used
to modify all indefinite singular nouns. There is not the
usual distinction between the form for *en* and *ei* nouns, on
the one hand, and *et* nouns on the other. No *-t* is added to
the base form when *-ig* or *-lig* adjectives modify *et* nouns:

en hyggelig gutt	'a pleasant boy'
ei hyggelig jente	'a pleasant girl'
et hyggelig barn	'a pleasant child.'

The form for the plural and definite follows the general
pattern we discussed previously:

hyggelige gutter	'pleasant boys'
den hyggelige jenta	'the pleasant girl'
de hyggelige barna	'the pleasant children.'

Most adjectives which end in *-sk* do not add a *-t* to the
base form when they modify indefinite singular *et* nouns.
There are, however, some *-sk* adjectives which do add the
regular *-t*. Here is the rule to determine whether or
not a *-t* should be added:

> Do not add *-t* when:
>
> 1. the adjective describes a nationality
>
> or
>
> 2. the adjective has more than one syllable.

Adjectives whose base forms end in a *-t* preceded by a vowel
are regular:

en hvit bygning	'a white building'
ei hvit lampe	'a white lamp'
et hvitt teppe	'a white rug'
hvite vegger	'white walls'
den hvite blomsten	'the white flower.'

But Norwegian avoids three consonants in a row, whenever
possible. So if the base form of an adjective ends in a *-t*
which is preceded by a consonant, no new *-t* is added when the
adjective modifies an indefinite singular *et* noun:

en trøtt gutt	'a tired boy'
ei trøtt jente	'a tired girl'
et trøtt barn	'a tired child.'

There is no problem with adding the usual *-e* when the adjective modifies plural or definite nouns:

trøtte gutter	'tired boys'
den trøtte jenta	'the tired girl'
de trøtte barna	'the tired children.'

Adjectives which end in a stressed vowel require a little attention. They all add *-tt* instead of just a single *-t* when they modify indefinite singular *et* nouns:

et nytt hus	'a new house'
et blått flagg	'a blue flag.'

But some don't add the regular *-e* for the plural and definite form, while others do:

nye klær	'new clothes'
blå klær	'blue clothes'
den grå byen	'the gray city.'

It is easier to memorize the forms for the few adjectives like this rather than try to find well-defined rules to predict which take *-e* and which don't.

We'll end this review chapter by mentioning several adjectives (*imponerende*, *stille*, and *moderne*) which have only one form. These invariable adjectives all end in an unstressed *-e*, and the base form can modify all genders, definite and indefinite, singular and plural:

en imponerende gutt	'an impressive boy'
ei imponerende jente	'an impressive girl'
et imponerende barn	'an impressive child'
imponerende gutter	'impressive boys'
den imponerende jenta	'the impressive girl'
de imponerende barna	'the impressive children.'

ADJECTIVE REVIEW

1. How do you say 'another book'?

   'another hotel'?

   'other theaters'?

   'the other hotel'?

ei anna bok	
et annet hotell	
andre teatre	
det andre hotellet	

2. Add all necessary endings to these adjectives:

   en deilig__ dag — *-- (no ending)*

   den rimelig__ kafeen — *-e*

   et saftig__ eple — *--*

   et gul__ eple — *-t*

   den billig__ lampa — *-e*

   et lat__ barn (a lazy child) — *-t*

   et søt__ eple (a sweet apple) — *-t*

   et kjent__ bilde — *--*

   den ny__ stolen — *-e*

   et ny__ stabbur — *-tt*

3. As a general review of adjective agreement, fill in the missing endings:

   sterk__ mennesker — *-e*

   et tysk__ tog — *--*

   den amerikansk__ turisten — *-e*

   et flott__ stykke — *--*

   ei stor__ øy — *--*

   de trøtt__ bøndene — *-e*

   ny__ steder — *-e*

   et billig__ land — *--*

   et moderne__ kjøkken — *--*

   deilig__ erter — *-e*

   de høy__ tårnene — *-e*

   det norsk__ folket — *-e*

   et pen__ fjell — *-t*

TIDEN GÅR

I. SKRIV SETNINGENE SOM MANGLER:

0. Vær snill!   *Må jeg være snill?*   *Jeg var snill i går.*

==

1. Sov!

----

2.   Må jeg spise det?

----

3.   Jeg så på dem
                                        i går.

----

4. Besøk farfar!

----

5.   Må jeg bestille
                        det?

----

6.   Jeg gikk dit
                                        i går.

----

7. Skriv leksene!

----

8.   Må jeg stå der?

----

9.   Jeg tok dem dit
                                        i går.

==

123

II. BRUK SLIKE EIENDOMSUTTRYKK I SPØRSMÅLENE:

0. Det er huset mitt.

   Sa du at det var ditt hus?

0. Det er den røde linjalen til Per.

   Sa du at det var Pers røde linjal?

1. Det er lampa hennes.

2. Det er de store eggene til læreren.

3. Det er det fargerike flagget mitt.

4. Det er stedet vårt.

5. Det er den vakre bunaden deres.

6. Det er eplene dine.

III. VELG RIKTIG UTTRYKK ELLER SETNING:

	a	b	c	d

1. I dag er det søndag. Det var fredag:

   a) i to dager.
   b) om to dager.
   c) for to dager.
   d) for to dager siden.

   0 0 0 0

2. Det er juni nå. Dere kommer i august.
   Dere kommer:

   a) i to måneder.
   b) på to måneder.
   c) om to måneder.
   d) for to måneder siden.

   0 0 0 0

3. Nå er klokka ti. Vi så dem klokka fem
   og har ikke sett dem siden. Vi har
   ikke sett dem:

   a) i fem timer.
   b) på fem timer.
   c) for fem timer.
   d) om fem timer.

   0 0 0 0

Syttende kapittel

(III, VELG RIKTIG UTTRYKK ELLER SETNING--FORTSATT)

<u>a   b   c   d</u>

4. Han har god tid.

   a) Han har det hyggelig.
   b) Han må skynde seg.
   c) Han kommer tidsnok.
   d) Han kommer for seint.

   0   0   0   0

5. De gikk i land da:

   a) de tok bussen til farfars gård.
   b) de reiste fra Norge til Amerika.
   c) de tok en lang tur i Nordmarka.
   d) båten deres kom til brygga.

   0   0   0   0

6. De måtte skynde seg av og til.

   a) De hadde dårlig tid noen ganger.
   b) De kommer aldri for seint.
   c) De skal skynde seg til bussen.
   d) Vertinnen sender potetene til
      gjestene og de forsyner seg.

   0   0   0   0

IV, SKRIV OM OG BRUK PRESENS:

0. Han så på kartet sitt.

   Han ser på kartet sitt.

1. Solgte de fisken på torget?

2. Hun måtte reise bort.

3. Dere forsynte dere av vinen.

4. Sov du godt?

5. Olav begynte allerede klokka fem.

6. De satte seg ved kjøkkenbordet.

7. Nordmannen ville skynde seg hjem.

8. "Visste du hvorfor du gjorde det?" spurte faren.

V. STRYK UT ORDENE ELLER UTTRYKKENE SOM IKKE PASSER:

1. Vi tok (både / begge) tog og buss.

2. Hun ringte til noen venner (at / som) hun kjente.

3. Odd hørte på musikken (i / for) fem timer.

4. Jeg kjøper et nytt hus (i år / i fjor).

5. Dere har ikke tjent mange penger (i / på)
   mange uker.

6. Anna leste hele boka (ut / ute) i parken.

7. Han har alltid paraplyen med seg (når / da) han
   er her.

8. Jeg lånte boka hans og (så / da) leste jeg den.

9. De pleier å lese leksene sine (om / i)
   ettermiddagen.

10. Jens stod opp tidlig (i morges / i morgen).

11. Han viste henne (hele / alle / all / alt)
    gården sin.

12. Hvor mange (tider / ganger / timer) har jeg sagt
    det?

VI. SKRIV SETNINGENE FERDIG OG OVERSETT TIL ENGELSK:

1. Vi sang da _____.

   (engelsk) _____.

2. Først _____ og så _____.

   (engelsk) _____.

3. Jeg liker å _____ når _____.

   (engelsk) _____.

4. Da solgte _____.

   (engelsk) _____.

5. I morgen tidlig _____.

   (engelsk) _____.

In this chapter, we will look at several general conventions of Norwegian spelling, and see how they affect the forms of nouns, verbs, adjectives, and adverbs.

We have quite a few spelling conventions in English. They don't apply just to one class of words, but wherever a relevant situation occurs. For example, a *y* at the end of an English word becomes an *i* when we add endings:

```
fly      flies
happy    happiness
pretty   prettier
```

Exceptions like *monkeys* and *flying* are explained by further refinements of the spelling convention. Another convention in English causes us to double a consonant at the end of a word with a short vowel when we add certain endings:

```
run      running
quit     quitter
quiz     quizzes
```

Let's start with a simple Norwegian spelling convention and see how it is applied to several different word classes:

§1. WORDS NEVER END IN A DOUBLE M.

Compare the forms of these words in Norwegian:

noun	et rom	'a room'
	rommet	'the room'
verb	kom	'come' (imperative), 'came'
	å komme	'to come'
adj.	morsom	'amusing' (indef. sg. *en* and *ei* form)
	morsomme	'amusing' (def. and plural form)
adv.	hjem	'home' (motion)
	hjemme	'home' (location)

In the second word of each pair in these examples, the *m* is not the final letter. A double *m* is therefore permitted. The double consonant shows that the preceding vowel is short. But as the next noun demonstrates, final *m* does not always follow a __short__ vowel. When the vowel is __long__, the *m* is never double:

```
et problem        'a problem'
   problemet       'the problem'
```

Another spelling convention with widespread effect is this:

§2. WHENEVER POSSIBLE, THREE CONSONANTS IN A ROW ARE AVOIDED.

Even though there are many exceptions to this convention (see below), it can be helpful in explaining and remembering the spelling of a number of words. For example, you know that sometimes consonants are dropped from adjectives and weak verbs when endings are added.

Here are some examples of how this convention applies to adjectives:

> en grønn park
> et grønt tre   (loss of one *n* to avoid three consonants)

This convention also explains why the adjective *kjent* does not add another *-t* when it modifies *et* nouns:

> en kjent mann
> et kjent hotell.

Since the adjective already ends in a *t* and adding another *t* would create a combination of three consonants, the single form *kjent* serves with all singular indefinite nouns.

In the class of weak verbs which add *-te* and *-t* to form the imperfect and perfect tenses, there are several verbs with the double consonants *ll*, *mm*, and *nn*. When these endings are added, one of these consonants is dropped, avoiding three consonants in a row:

> | å ka*ll*e | 'to call' |
> | ka*l*te | 'called' |
> | har ka*l*t | 'have called' |

> | å gle*mm*e | 'to forget' |
> | gle*m*te | 'forgot' |
> | har gle*m*t | 'have forgotten' |

> | å begy*nn*e | 'to begin' |
> | begy*n*te | 'began' |
> | har begy*n*t | 'have begun' |

Exceptions to this spelling convention fall into several groups:

> compound words: frilu*fts*kafé, grønnsaker
> combinations with *s*: no*rsk*, *skj*ønne, ven*str*e, gu*tts*
> combinations with *n*: se*ndt*e, ri*ngt*e, te*nkt*e
> *-t* endings on adjectives: va*rmt*
> combinations to avoid confusion between words:
> > vi*sst*   'known' (from å <u>vite</u>)
> > vist   'shown' (from å <u>vise</u>)
>
> > fu*llt* 'full' (from <u>full</u>)
> > fult   'sly' (from <u>ful</u>)

128

The third spelling convention deals with nouns and adjectives whose base forms end in -*el*, -*en*, and -*er*.

§3. THE E IN -EL, -EN, AND -ER IS OFTEN DROPPED WHEN AN ENDING WITH AN -E IS ADDED.

Study the forms of these nouns carefully:

en nouns	en onk*e*l	'an uncle'	base form
	onk*e*len	'the uncle'	*e* retained
	onkler	'uncles'	*e* dropped
	onklene	'the uncles'	*e* "
	en vint*e*r	'a winter'	base form
	vint*e*ren	'the winter'	*e* retained
	vintrer	'winters'	*e* dropped
	vintrene	'the winters'	*e* "
et nouns	et teat*e*r	'a theater'	base form
	teatret	'the theater'	*e* dropped
	teatre	'theaters'	*e* "
	teatrene	'the theaters'	*e* "

For *en* nouns, this spelling convention applies only to the plural forms (e.g. loss of the *e* in *onkler* and *onklene*). For *et* nouns, it can apply to definite singular forms as well as the plural forms (e.g. loss of *e* in *teatret*, *teatre*, and *teatrene*). Several special cases of plural formation for nouns which end in -*er* will be taken up in the review chapter on irregular noun plurals (pp.138-139).

Adjectives are also affected by this spelling convention:

sult*e*n	indef. sg. *en* and *ei* nouns	base form
sult*e*nt	indef. sg. *et* nouns	*e* retained
sultne	plural and def. nouns	*e* dropped

Adding the unstressed *e* ending for the plural and definite form causes the loss of the *e* from the base form. Adding the endings for comparative and superlative also causes a similar loss of *e*:

sult*e*n	positive	base form
sultnere	comparative	*e* dropped
sultnest	superlative	*e* "

Now let's look at the forms of the adjective *gammel*:

ga*mm*el	indef. sg. *en* and *ei* nouns
ga*mm*elt	indef. sg. *et* nouns
gamle	plural and definite nouns

The form *gamle* shows the effects of two spelling conventions, in the following order:

§3. loss of *e* in an *el* adjective when ending is added,

§2. loss of consonant *m* to avoid three consonants in a row.

We'll end this chapter with a short note about stressed and unstressed final *e* in nouns. First, compare the following forms carefully:

en skol*e*	en skj*e*	en kaf*é*
skol*e*n	skj*e*en	kaf*e*en
skol*e*r	skj*e*er	kaf*e*er
skol*e*ne	skj*e*ene	kaf*e*ene

In nouns which end in an unstressed *e* (like *en skole*), the endings which are added (*-n, -r, -ne*) do not add another *e*. Thus *skolen* has only one *e*.

Nouns which end in a stressed *e*, however, take the full endings (*-en, -er, -ene*). One syllable nouns (like *en skje*) do not require an accent mark, since the only vowel in the word must be stressed. In words with more than one syllable (like *en kafé*), the accent mark in the indefinite singular tells us that the *e* is stressed. The other forms do not need the accent mark, since the double *e* reminds us that the first *e* is stressed.

SPELLING CONVENTIONS

1. The noun <u>et program</u> has a short <u>a</u>
   before the <u>m</u>. How do you write
   'the program'?

   ----

   programmet

2. If <u>et langsomt år</u> means 'a slow year,'
   how would you write 'slow years'?

   ----

   langsomme år

3. <u>Å glemme</u> means 'to forget.' What is
   the imperative form?

   ------------------!

   glem!

4. <u>En sykdom</u> (with short <u>o</u>) means 'a
   disease.' How do you write
   'the diseases'?

   ----

   sykdommene

5. <u>En snill kvinne</u> means 'a kind woman.'
   How do you write 'a kind child'?

   ----

   et snilt barn

6. Write the imperfect forms for these
   verbs:

   å skjønne   ------------------   *skjønte*

   å bestille   ------------------   *bestilte*

   å bestemme   ------------------   *bestemte*

7. <u>En vakker dag</u> means 'a beautiful day.'
   How do you write 'beautiful days'?

   ----

   vakre dager

   'a beautiful child'?

   ----

   et vakkert barn

8. <u>En himmel</u> means 'a sky.' How do you
   write 'the sky'?

   ----

   himmelen

   Does that form lose its <u>e</u>? YES NO   *no*

   How do you write 'skies' and 'the
   skies'?

   ------------ ------------   *himler, himlene*

   Do those forms lose their <u>e</u>'s? YES NO   *yes*

9. Is the final <u>e</u> stressed in <u>en entré</u>?

                    YES   NO   *yes*

   How do you write 'entries'?------------   *entreer*

131

SKOLELIVET I NORGE

I. SKRIV OM OG BRUK IMPERFEKTUM:

0. Vi bruker lang tid på å gjøre leksene ferdig.

   Vi brukte lang tid på å gjøre leksene ferdig.

1. Dere går lange turer i Nordmarka.

2. Vi synger hele tiden.

3. Selger hun alle bøkene sine?

4. Hvorfor gjør han så mye?

5. Olsen vet det ikke.

6. Det blir kaldt på tirsdag.

7. De drikker litt øl og spiser pølser.

8. Tar du kartet med deg?

II. SETT INN PILER MELLOM FORMENE SOM HØRER SAMMEN:

0. å spise   drikker   spiste   drukket
   å drikke   spiser   drakk   spist

1. å si	sier	så	sagt
å se	ser	sa	sett
2. å gå	gir	gikk	gått
å gi	går	gav	gitt
3. å vite	vet	viste	visst
å vise	viser	visste	vist
4. å være	varer	var	vart
å vare	er	varte	vært

133

III. BRUK PERFEKTUM I SVARENE:

    0. Jeg gleder meg til å spise.

       Men har du ikke allerede spist?

    1. Jeg gleder meg til å bli lærer.

    2. Jeg gleder meg til å synge sanger.

    3. Jeg gleder meg til å drikke vinen.

    4. Jeg gleder meg til å begynne å lese boka.

    5. Jeg gleder meg til å gjøre det.

    6. Jeg gleder meg til å spørre ham.

    7. Jeg gleder meg til å reise meg fra bordet.

IV. BRUK 'EGEN', 'EGET' ELLER 'EGNE' I SVARENE:

    0. Har du et soveværelse?

       Ja, jeg har mitt eget soveværelse.

    1. Har han en lenestol?

    2. Har dere noen flagg?

    3. Har jeg et sted å bo?

    4. Har de en gård?

    5. Har vi noen ski?

    6. Har Øyvind ei klokke?

    7. Har barna et hus?

V. HVILKE KLASSER HØRER DISSE VERBENE TIL?

	I -te,-t	II -et,-et	III -dde,-dd	IV -de,-d
0. å spise	●	0	0	0
1. å bo	0	0	0	0
2. å servere	0	0	0	0
3. å vente	0	0	0	0
4. å eie	0	0	0	0
5. å dekke	0	0	0	0
6. å føle	0	0	0	0
7. å bruke	0	0	0	0
8. å banke	0	0	0	0
9. å prøve	0	0	0	0
10. å reise	0	0	0	0

VI. BRUK RIKTIGE TIDSUTTRYKK:

HAN SKREV AT HAN SKULLE KOMME KLOKKA FEM.

1. Han skulle komme _____ to timer.

2. Han har ikke kommet ennå. Han skulle ha

kommet _____ én time _____.

3. Han skulle ha vært her _____ fire timer
hvis han virkelig hadde kommet klokka
fem.

You have seen a number of nouns which do not form their plurals according to the general pattern. (See the noun review chapter (pp.23-25) for an overview of the general pattern.) In this review chapter, we will consider the following types of irregular plural formation:

1. Internal vowel change
2. Anomalous endings
3. Family terms.

Irregular forms must be memorized. Generally, there is nothing in their form or meaning which signals that they are irregular.

1. INTERNAL VOWEL CHANGE

In English, we have several common nouns which form their plurals by changing their internal vowels:

a foot	a tooth	a mouse	a man
f*e*et	t*ee*th	m*i*ce	m*e*n

In Norwegian, the same type of change takes place, occasionally in words which are related to the English ones. Usually the plural endings *-er* (for indefinite) and *-ene* (for definite) are added to the new stem.

We have seen several nouns which have *a* in the stem of the singular and *e* in the plural:

ei tann	'a tooth'	en natt	'a night'
t*e*nner	'teeth'	n*e*tter	'nights'

One other common noun follows this pattern, but it does not add the expected *-er* in the indefinite plural:

en mann	'a man'	menn__	'men'
mannen	'the man'	mennene	'the men'

The Norwegian word for 'book' has an internal vowel change:

ei bok	'a book'	bøker	'books'
boka	'the book'	bøkene	'the books'

Here, *o* in the singular alternates with *ø* in the plural. *En bonde* shares the same vowel alternation.

We've seen two nouns which change *e* in the singular to *æ* in the plural. These words, *et tre* and *et kne* also have unexpected endings. Study the forms for *et tre* closely:

et tre	'a tree'	trær	'trees'
treet	'the tree'	trærne	'the trees'

Note that here in the indefinite plural, we do not find the usual -- ending, and in the definite plural, we do not find *-ene*.

2. ANOMALOUS ENDINGS

In the preceding section, we discussed two nouns with anomalous endings: *menn* does not add -*er* in the indefinite plural, and *trær* has an unexpected -*r* and *trærne* does not use -*ene* in the definite plural. Now we will look at several more nouns with unusual plural endings. Some of these nouns add endings when we don't expect them; some do not add endings when we do expect them; others add endings, but not the endings we'd expect. Such is life.

The first noun we'll consider here is *et sted* 'a place.' Most one syllable *et* nouns do not take an ending to form the indefinite plural (for example *et hus, mange hus__*). But *et sted* does:

et sted	'a place'	sted*er*	'places'
stedet	'the place'	stedene	'the places'

So we could say that *et sted* behaves like an *en* or *ei* noun in the indefinite plural.

Now we'll look at several *en* and *ei* nouns which behave like one syllable *et* nouns in the indefinite plural:

en ting	'a thing'	en sko	'a shoe'
tingen	'the thing'	skoen	'the shoe'
ting__	'things'	sko__	'shoes'
tingene	'the things'	skoene	'the shoes'

ei ski	'a ski'	en øre	'an øre'
skia	'the ski'	øren	'the øre'
ski__	'skis'	øre__	'øre'
skiene	'the skis'	ørene	'the øre'

Since these nouns do not follow the regular patterns, you must memorize their forms.

Now we'll consider a group of *en* nouns which have base forms ending in -*er*. Rather than adding another -*er* to the base to form the indefinite plural, these nouns add just -*e*:

en lærer	'a teacher'
læreren	'the teacher'
lærer*e*	'teachers'
lærer*ne*	'the teachers'

en amerikaner	'an American'
amerikaneren	'the American'
amerikaner*e*	'Americans'
amerikaner*ne*	'the Americans'

Note that these nouns have an anomalous definite plural ending also: They add -*ne*, and not -*ene*.

This class of nouns contains mostly names of occupations and names of people coming from countries and cities. The noun *en genser* 'a sweater' falls into this class also.

There is another class of *-er* nouns which is also irregular: *et* nouns which end in *-er* add only *-e* to form the indefinite plural (like the *en* nouns mentioned above). But these *et* nouns drop the unstressed *e* from the base form's *-er* when endings are added. (Compare these forms to the discussion on page 129 about the loss of *e* in words ending in *-el*, *-en*, and *-er*.)

et teat<u>e</u>r	'a theater'	teatre	'theaters'
teat<u>r</u>et	'the theater'	teat<u>r</u>ene	'the theaters'

En nouns which are not names of professions, nationalities, or sweaters, add the normal *-er* ending to nouns with base forms ending in *-er*. But before adding the plural ending, they drop the base form's unstressed *e*:

en vint<u>e</u>r	'a winter'	vint<u>r</u>er	'winters'
vint<u>e</u>ren	'the winter'	vint<u>r</u>ene	'the winters'

Another anomalous plural form you have seen is the definite form for *et barn*. While all other definite plurals end in *-(e)ne*, *et barn* adds *-a*:

et barn	'a child'	barn	'children'
barnet	'the child'	barn*a*	'the children'

Several other monosyllabic *et* nouns may also use this ending, like *beina* 'the bones, the legs.'

Finally, we come to a class of *et* nouns which have a Latin origin, and end in *-um* in the base form. These nouns drop the *um* before adding the normal endings for definite singular, and indefinite and definite plural:

et muse*um*	'a museum'	et sentr*um*	'a center'
museet	'the museum'	sentret	'the center'
museer	'museums'	sentrer	'centers'
museene	'the museums'	sentrene	'the centers'

3. FAMILY TERMS

Several of the nouns which describe family relationships have irregular plurals, so we will look at them here. For some, you will see not just how these forms are irregular, but also how they got to be that way.

Let's start by mentioning the family terms which follow the regular patterns in forming plurals: *en tante* 'an aunt,' *en niese* 'a niece,' *en nevø* 'a nephew,' *en kusine* 'a female cousin,' and *en sønn* 'a son.' All of these nouns add *-(e)r* to form the indefinite plural, and *-(e)ne* to form the definite plural.

En fetter 'a male cousin' follows the pattern for *-er* nouns of the occupation and nationality type (presented on p.138):

en fetter	'a cousin'	fetter*e*	'cousins'
fetteren	'the cousin'	fetter*ne*	'the cousins'

En onkel follows the pattern for *-el*, *-en*, and *-er* nouns.
In the plural forms, the *e* of the *-el* is dropped:

en onk**e**l	'an uncle'	base form
onk**e**len	'the uncle'	*e* retained
onk<u>l</u>er	'uncles'	*e* dropped
onk<u>l</u>ene	'the uncles'	*e* dropped

You will see a similar loss of *e* in the plural forms for
en søster 'a sister.' But notice that the indefinite plural
ending which is added is *-e*, not *-er*:

en søster	'a sister'	sø<u>st</u>re	'sisters'
søsteren	'the sister'	sø<u>st</u>rene	'the sisters'

Study these forms carefully, making sure you see the steps
involved in arriving at *søstre* 'sisters.' These steps form
the basis for understanding the rest of the family terms.

The other terms we will look at now all have internal vowel
changes <u>and</u> endings similar to *en søster*. The simplest case
is *en datter* 'a daughter.' The vowel alternation is *a* in the
singular and *ø* in the plural. As in *søstre*, an *e* is added as
the indefinite plural ending, and the unstressed *e* is dropped.
In addition, to avoid three consonants in a row, one *t* is
dropped. Trace through the steps in this chart, which shows
several made-up intermediate steps (marked with an asterisk):

<u>datter</u>	<u>base form</u>
*datter + e	plural ending added
*døttere	vowel change
*dø<u>ttre</u>	<u>loss of unstressed e</u>
døtre	loss of one *t*

Thus, the four forms of *en datter* are:

en datter	'a daughter'	døtre	'daughters'
datteren	'the daughter'	døtrene	'the daughters'

The remaining family terms follow a similar pattern of deri-
vation, except that there is one more aspect to consider.
The nouns *en far* 'a father,' *en mor* 'a mother,' and *en bror*
'a brother' previously had longer forms, which we now see only
in very formal language. Each noun had an extra *-de*: *en
fader, moder, broder*. The modern plural forms still retain
the *d*. Here are the forms for *en far, en mor,* and *en bror*:

en far	'a father'	en mor	en bror
faren	'the father'	moren	broren
fedre	'fathers'	mødre	brødre
fedrene	'the fathers'	mødrene	brødrene

The vowel alternation for *far-fedre* is the same as for *mann-
menn*, and the alternation for *mor-mødre, bror-brødre* is the
same as for *bok-bøker*.

Finally, here are two family terms which do not have singular
forms in Norwegian:

foreldre	'parents'	søsken	'siblings'
foreldrene	'the parents'	søsknene	'the siblings'

IRREGULAR NOUN PLURALS

Cover this column while answering!

1. What is the usual indefinite plural
   ending for <u>en</u> and <u>ei</u> nouns? _____

   -er

2. What is the usual indefinite plural
   ending for one syllable <u>et</u> nouns?

   _____

   --
   (no ending)

3. How do you say 'the night'?_____   *natten*

   'the nights'? _____   *nettene*

4. What is anomalous about the form <u>menn</u>?   *no -er is added*

5. How do you say 'farmers' _____   *bønder*

6. What does <u>knærne</u> mean?_____   *the knees*

   What is its indefinite singular?

   _____   *et kne*

7. Why is <u>et sted</u> considered anomalous?   *It adds -er*
   in the ind. pl.

8. How do you say 'two skis'? _____   *to ski*

   'many things'? _____   *mange ting*

9. 'A baker' is <u>en baker</u>. How do you say
   'bakers'?

   _____   *bakere*

   'the bakers'? _____   *bakerne*

10. What does <u>barna</u> mean? _____   *the children*

11. <u>Et akvarium</u> means 'an aquarium.'
    How do you say 'the aquarium'?

    _____   *akvariet*

    'the aquariums'? _____   *akvariene*

12. How do you say 'the sisters'?

    _____   *søstrene*

    'brothers'? _____   *brødre*

    'daughters'? _____   *døtre*

13. What is the indefinite singular of
    <u>mødre</u>?

    _____   *en mor*

141

"VI KOMMER SENT, MEN VI KOMMER GODT"

I. SKRIV OM TIL ENTALL:

0. fine hus   *et fint hus*

1. høye tårn

2. små universiteter

3. deilige epler

4. nye biblioteker

5. gamle vikingskip

6. svenske flagg

7. moderne programmer

8. flotte trær

9. gode museer

II. BRUK PLUSKVAMPERFEKTUM:

0. Jeg gledet meg til å gjøre det da jeg bodde i Amerika.

   Men du hadde allerede gjort det.

1. Jeg gledet meg til å kjøpe dyre bøker da jeg bodde i Amerika.

2. Jeg gledet meg til å bli berømt da jeg bodde i Amerika.

3. Jeg gledet meg til å stå på slottet da jeg bodde i Amerika.

4. Jeg gledet meg til å dra til Norge da jeg bodde i Amerika.

III. BRUK IMPERFEKTUM:

    0. Han var glad i å arbeide.

       Han arbeidet ofte.

    1. Han var glad i å danse.

    2. Han var glad i å gå.

    3. Han var glad i å dra til Sverige.

    4. Han var glad i å drikke.

    5. Han var glad i å gjøre reint.

    6. Han var glad i å stå ute.

    7. Han var glad i å ta trikk.

IV. SETT STREK UNDER ALLE ADVERB OG SLÅ SIRKEL RUNDT
ALLE ADJEKTIV:

    0. De gikk en <u>svært</u> (lang) tur.

    1. Hun liker den nye jobben sin godt.

    2. Gamle menn liker å besøke barnebarna sine ofte.

    3. Gule epler smaker deilig.

    4. Grønne epler er saftige.

    5. Vi stod ute og snakket lenge.

    6. Han sitter stille i den moderne lenestolen.

    7. Vi gjør hjemmeleksene våre både tidlig og seint.

    8. Hun skrev ei ny flott bok.

    9. Dere sang dårlig, men spilte den fantastiske fela
       flott.

   10. Det er dyrt å bo moderne.

VII. SETT INN ET PASSENDE ADVERB FRA LISTA TIL HØYRE:

1. Han kjørte _____.

2. Han våknet _____.

3. Hun begynte _____.

4. Spillemannen spilte _____.

5. Dere hilste _____ på oss.

6. Kaka smakte _____.

7. Vi sang _____.

8. Jeg skal _____ glemme deg.

9. Bonden besøkte _____ mange mennesker.

10. Vi kom _____ seint.

aldri
dårlig
flott
for
fort
godt
hyggelig
imponerende
seint
svært
tidlig

V. BRUK ADVERBET SOM TILSVARER ADJEKTIVET:

0. Det var en vakker historie.

   Hun fortalte den vakkert.

1. Det var en dårlig historie.

2. Det var en morsom historie.

3. Det var en flott historie.

4. Det var en god historie.

5. Det var en pen historie.

VI. HVA ER DET MOTSATTE AV DE FØLGENDE ADVERBENE?

0. oppe   *nede*

1. seint

2. ute

3. etterpå

4. godt

5. aldri

6. stort

7. sterkt

8. lett

9. mye

10. ned

11. kort

12. kaldt

VII. SETT INN ET PASSENDE ADVERB FRA LISTA TIL HØYRE:

1. Han kjørte _____.

2. Han våknet _____.

3. Hun begynte _____.

4. Spillemannen spilte _____.

5. Dere hilste _____ på oss.

6. Kaka smakte _____.

7. Vi sang _____.

8. Jeg skal _____ glemme deg.

9. Bonden besøkte _____ mange mennesker.

10. Vi kom _____ seint.

aldri
dårlig
flott
for
fort
godt
hyggelig
imponerende
seint
svært
tidlig

V. BRUK ADVERBET SOM TILSVARER ADJEKTIVET:

0. Det var en vakker historie.

   Hun fortalte den vakkert.

1. Det var en dårlig historie.

2. Det var en morsom historie.

3. Det var en flott historie.

4. Det var en god historie.

5. Det var en pen historie.

VI. HVA ER DET MOTSATTE AV DE FØLGENDE ADVERBENE?

0. oppe   *nede*

1. seint

2. ute

3. etterpå

4. godt

5. aldri

6. stort

7. sterkt

8. lett

9. mye

10. ned

11. kort

12. kaldt

After a quick overview of other verbal forms in Norwegian,
this review chapter will examine the formation of the imper-
fect (or past tense) and the past participle. A short sec-
tion on modal verb usage ends this chapter.

The dictionary form of a verb is called the infinitive. Most
Norwegian infinitives end in an unstressed *-e* (for example
å snakke, å presentere), but some end in a stressed vowel
(for example *å se, å gå, å forstå*). For the first group, the
imperative (or command) is formed by dropping the unstressed
-e (*snakk! presenter!*). For the second group, the infinitive
and imperative forms are identical (*se! gå! forstå!*). Almost
all verbs add *r* to the infinitive to form the present tense
(*snakker, presenterer, ser, går, forstår*). Exceptions like
gjør, spør, sier, and *vet* have to be learned separately.

There is greater diversity in the ways the imperfect and past
participle are formed, and most of the rest of this chapter
will focus on the various types. It is generally impossible
to guess these forms for a given verb if you only know its
infinitive or present tense. So for each verb you learn, you
should make sure you know its imperfect and past participle.
Familiarize yourself with how these tenses are presented in
the textbook's glossary and in any dictionary you use.

The imperfect *(imperfektum)* (for example 'I ate') is general-
ly used to describe events which happened at a specific time
in the past. The past participle *(perfekt partisipp)* (for
example 'eaten') is used in forming the present perfect
(perfektum) ('I have eaten') and the past perfect *(pluskvam-
perfektum)* ('I had eaten'). The past participle is also used
in the compound passive construction ('was eaten').

WEAK VERBS *(svake verb)* are verbs which add an ending to form
their imperfect. Weak verbs in English all use an *-ed* end-
ing. In Norwegian, four endings are used, all of which in-
clude a dental consonant (*d* or *t*). As we look at these four
classes, you will notice that if you know how to form the
imperfect of any weak verb, you can easily figure out its
past participle.

The first class we'll consider adds *-te* to the stem of the
verb to form the imperfect, and *-t* to form the past partici-
ple. (In the following charts, the stem will be in capital
letters.)

                          CLASS I

infinitive	å SPISe	'to eat'
imperative	SPIS!	'eat!'
present	SPISer	'eat/eats'
imperfect	SPISte	'ate'
pres. perf.	har SPISt	'has/have eaten'
past perf.	hadde SPISt	'had eaten'

Generally, weak verbs whose stem end in a single consonant, *ll*, *mm*, or *nn* form their imperfect and past participles this way. Some other verbs with combinations of two consonants also fit into this class (*å hilse, å sende, å tenke*). Verbs with *ll*, *mm*, or *nn* in the infinitive lose one of those consonants when the endings are added. (See spelling convention §3, p. 129.)

The second class of weak verbs add -*et* to the stem to form both the imperfect and past participle. For the most part, weak verbs with double consonants other than *ll*, *mm*, and *nn* belong to this class.

CLASS II

infinitive	å SNAKKe	'to speak'
imperative	SNAKK!	'speak!'
present	SNAKKer	'speak/speaks'
imperfect	SNAKKet	'spoke'
pres. perf.	har SNAKKet	'has/have spoken'
past perf.	hadde SNAKKet	'had spoken'

Some other verbs which are in this class are *å vaske, å danse, å stoppe*. Remember that these hints about consonants in the stem are not meant to be hard and fast rules by which you can determine the class of every weak verb. Many verbs do not follow the general patterns presented here, and it may be easier for you to learn each verb's tenses rather than try to apply these hints. Here, for example, are several verbs which add -*et* to form their imperfect and past participle, even though they have only one consonant in their stems, or have *ll*:

å lage	lager	laget	har laget
å stave	staver	stavet	har stavet
å arbeide	arbeider	arbeidet	har arbeidet
å tulle	tuller	tullet	har tullet

Weak verbs in the third class add -*dde* and -*dd* to form their imperfects and past participles. All of the verbs in this class end in a stressed vowel in the infinitive. (Keep in mind that not all verbs which end in a stressed vowel are weak; many like *å gå, å si* are strong.)

CLASS III

infinitive	å BO	'to live, dwell'
imperative	BO!	'live!'
present	BOr	'live/lives'
imperfect	BOdde	'lived'
pres. perf.	har BOdd	'has/have lived'
past perf.	hadde BOdd	'had lived'

The fourth class of weak verbs is a fairly small collection of verbs which add -*de* to the stem to form the imperfect and -*d* to form the past participle. Verbs whose stems end in a diphthong, *g*, or *v* follow this pattern.

CLASS IV

infinitive	å EIe	'to own'	
imperative	EI!	'own!'	
present	EIer	'own/owns'	
imperfect	EIde	'owned'	
pres. perf.	har EId	'has/have owned'	
past perf.	hadde EId	'had owned'	

Here are some other verbs in this class which you have seen:

å leie	leier	leide	har leid
å prøve	prøver	prøvde	har prøvd
å bygge	bygger	bygde	har bygd
å leve	lever	levde	har levd
å pleie	pleier	pleide	har pleid

Cover this column while answering!

Test your knowledge of the formation of the imperfect and past participle of these weak verbs:

	I -te,-t	II -et,-et	III -dde,-de	IV -de,-d	
1. å føle	0	0	0	0	*-te,-t*
2. å lyse	0	0	0	0	*-te,-t*
3. å leve	0	0	0	0	*-de,-d*
4. å like	0	0	0	0	*-te,-t*
5. å kle	0	0	0	0	*-dde,-dd*
6. å håpe	0	0	0	0	*-et,-et*
7. å tenne	0	0	0	0	*-te, -t (tente)*
8. å skje	0	0	0	0	*-dde,-dd*
9. å leie	0	0	0	0	*-de,-d*

10. What is the imperfect of å bestille?

_____

bestilte

11. What is the past participle of

å steike? _____

steikt

12. What does hadde invitert mean?

_____

had invited

13. What does spiste mean? _____

ate

151

STRONG VERBS *(sterke verb)* are verbs which do not add endings to form the imperfect. They do, however, end in a -*t* (or rarely -*d*) in the past participle. Many strong verbs show different internal vowels in the infinitive (and present tense), imperfect, and past participle (for example *å drikke, drikker, drakk, drukket*). Once again, you really cannot guess whether a verb is weak or strong, or which sub-class it fits into. You must learn each verb's forms. Many of the most frequently used verbs in Norwegian are strong. This means you will get lots of practice using verbs like *å være, å si, å se, å ta, å bli,* and *å gå* in all of their forms. Just remember-- "Øvelse gjør mester." (Practice makes perfect.)

See the list of strong verbs in the short grammar summary of the textbook to refresh your memory about the forms of the strong verbs you know (pp. 510-511).

Cover this column while answering!

Check your knowledge of the imperfect and past participles for these strong verbs:

	imperfect	past participle

1. å synge _____ _____   *sang, sunget*

2. å finne _____ _____   *fant, funnet*

3. å si _____ _____   *sa, sagt*

4. å se _____ _____   *så, sett*

5. å ta _____ _____   *tok, tatt*

6. å være _____ _____   *var, vært*

How do you say:

7. 'has given' _____   *har gitt*

8. 'had become' _____   *hadde blitt*

9. 'drank' _____   *drakk*

10. 'slept' (imperfect) _____   *sov*

What are the infinitives of these imperfect forms?

11. så _____   *å se*

12. fikk _____   *å få*

13. stod _____   *å stå*

14. hjalp _____   *å hjelpe*

Although you have been using modals in Norwegian for quite a long time, it might be useful to look at several aspects of modals which many students find difficult or confusing.

1. Modals are followed by verbs in the infinitive, without the infinitive marker:

> vil kjøpe   'wants to buy'
> skulle danse   'should dance'

This pattern extends to more complicated constructions as well:

> må lære å snakke   'must learn to speak'
> kunne ha begynt å betale 'could have begun to pay'

2. Modals in Norwegian have the same principal parts as other verbs:

infinitive	å måtte	'to have to'
present	må	'has/have to, must'
imperfect	måtte	'had to'
pres. perf.	har måttet	'has/have had to'
past perf.	hadde måttet	'had had to'

Note that many modals in English do not have corresponding forms. 'Must,' for example, does not have an infinitive, imperfect, or past participle. English must use the periphrastic 'to have to' in some of the tenses.

3. Modals may be joined with other modals in Norwegian. Of course, the second modal must be in the infinitive, since it follows a modal:

> Han vil kunne snakke. 'He wants to be able to speak.'
> Hun skulle ville kunne betale. 'She should want to be able to pay.'

4. When a form of *å skulle*, *å måtte*, or *å ville* is combined with a stated destination, the verb of motion is often omitted:

> Vi vil dit.   'We want (to go) there.'
> Skal dere til byen?   'Are you going (to go) to town?'

SKAL VI I BUTIKKEN?

I. ALT KOSTER TRE KRONER:

0. Hva koster et glass melk?

    Det koster tre kroner glasset.

1. Hva koster ei flaske Solo?

2. Hva koster en kopp kaffe?

3. Hva koster et stykke kake?

4. Hva koster en boks erter?

II. VELG 'INGEN' ELLER 'IKKE NOE':

	ingen	ikke noe	
0. Jeg har	●	0	statuer.
1. Jeg har	0	0	sukker.
2. Jeg har	0	0	sukkerbiter.
3. Jeg har	0	0	aviser.
4. Jeg har	0	0	kjøtt.
5. Jeg har	0	0	ting.
6. Jeg har	0	0	saus.
7. Jeg har	0	0	pølser.
8. Jeg har	0	0	te.
9. Jeg har	0	0	hunder.
10. Jeg har	0	0	øl.

III. FYLL INN SUBSTANTIVENE OG DE PÅPEKENDE PRONOMENENE:

		her	der
0.	🏠	*dette huset*	*det huset*
1.			
2.			
3.			
4.			
5.			

IV. BRUK RIKTIGE PÅPEKENDE PRONOMENER I SVARENE:

0. Er dette et pent værelse?

   Ja, dette værelset er pent.

1. Er det morsomme bøker?

2. Er dette et enormt bibliotek?

3. Er dette hvite hus?

4. Er det en gammel låve?

5. Er dette en viktig grav?

6. Er dette fargerike blomster?

7. Er det ei grønn øy?

8. Er dette et sterkt menneske?

V. BRUK PÅPEKENDE PRONOMENER OG ADJEKTIVETS POSITIVE OG
KOMPARATIVE FORMER:

0. (en dyr bil)

   Den bilen er dyr, men denne bilen er dyrere.

1. (et rødt eple)

2. (sunne mennesker)

3. (ei rimelig klokke)

4. (en klar utsikt)

5. (gode trær)

6. (et trøtt barn)

7. (ei sulten jente)

VI. BRUK KOMPARATIVE OG SUPERLATIVE FORMER:

0. Kari har et nytt bilde.

   Eriks bilde er nyere. Ingrids bilde er det nyeste.

1. Kari har en fin båt.

2. Kari har noen høye trær.

3. Kari har en god traktor.

4. Kari har et saftig eple.

5. Kari har noen lette oppgaver.

6. Kari har ei morsom bok.

VII. FYLL INN ALLE FORMENE SOM MANGLER:

	positiv	komparativ	superlativ
0.	rød--rødt--røde	rødere	rødest
1.		eldre	
2.			fortest
3.	stor		
4.		vanskeligere	
5.			minst
6.	morsom		
7.		seinere	
8.			flest
9.	ung		

DEMONSTRATIVES AND POSSESSIVES
(To be read after chapter 20)

In this review chapter, after examining demonstrative pronouns, we will look at some phrases using possessives.

Demonstrative pronouns *(et påpekende pronomen)* are used for emphasizing nouns, and giving them a spatial orientation. The English demonstratives are 'this,' 'that,' 'these,' and 'those.'

As in English, Norwegian demonstratives can point to near-by objects or more distant ones. Norwegian demonstratives must agree with the noun in gender and number. This chart summarizes all of the demonstrative pronouns:

		near-by	distant
singular	*en* noun ⎫ *ei* noun ⎬ *et* noun	DENNE ⎫ 'this' DETTE ⎭	DEN ⎫ 'that' DET ⎭
plural	all genders	DISSE 'these'	DE 'those'

The forms for near-by objects are all longer (in number of syllables) than those for distant objects. *En* and *ei* nouns share demonstratives, and, as usual, there is no gender distinction made in the plural.

Nouns which follow demonstratives are in the definite:

denne by*en*	'this city'
dette bilde*t*	'this picture'
disse barn*a*	'these children'

We can design a formula to show how demonstratives and nouns join together:

demonstrative   noun

    ☐   ☐
             definite

Demonstratives can also be used with adjectives and nouns:

dette stor*e* huset	'this big house'
de snill*e* barna	'those kind children'

Note that the adjective is in the definite form (usually formed by adding -*e* to the base form).

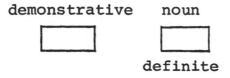

demonstrative   adjective   noun

    ☐   ☐   ☐
           definite   definite

The demonstrative pronouns for distant objects (*den*, *det*, and *de*) are identical to the free-standing definite articles we use when an adjective modifies a definite noun. (See page 114 for a review of this type of construction.) The expression

        den sultne gutten

can have two meanings. If *den* is stressed, it is the demonstrative pronoun ('that hungry boy'). If *gutten* is stressed, *den* is the free-standing definite article ('the hungry boy').

This is a good time to repeat that only nouns with adjectives have this free-standing definite article. Without an adjective, definite nouns use only the suffixed definite article:

              barnet   'the child'
      det snille barnet   'the kind child'

Cover this column while answering!

1. In which form are nouns which follow demonstratives?

    indefinite   definite

    definite

2. What does <u>dette</u> <u>universitetet</u> mean?

    ----

    this university

    <u>disse</u> <u>øyene</u>   -----------------------

    these islands

    <u>de</u> kartene   -----------------------

    those maps

3. What does <u>denne</u> <u>store</u> <u>bygningen</u> mean?

    ----

    this big building

    <u>dette</u> <u>fantastiske</u> <u>museet</u>

    this fantastic museum

    ----

4. In the following phrases, relative stress is indicated by underlining. What do these expressions mean?

    de fine <u>kafeene</u>   -----------------------

    the fine cafes

    <u>de</u> fine kafeene   -----------------------

    those fine cafes

    <u>den</u> morsomme historien

    that funny story

    ----

    den morsomme <u>historien</u>

    the funny story

    ----

5. How do you say:

    'the ship' ---------------

    skipet

    'the ships' ---------------

    skipene

    'this ship' ---------------

    dette skipet

    'that ship' ---------------

    det skipet

    'those ships' ---------------

    de skipene

    'this little ship' ---------------

    dette lille skipet

    'the little ship' ---------------

    det lille skipet

You recall from an earlier review chapter (pp.79-83) that possessives with nouns and names take this form:

blyanten til læreren   'the teacher's pencil'
viskelæret til Svein   'Svein's eraser'

We can modify those items by adding adjectives and free-standing definite articles:

den lille blyanten til læreren
    'the teacher's little pencil'
det billige viskelæret til Svein
    'Svein's cheap eraser'

Possessives using pronouns take this form:

huset mitt   'my house'
møblene hennes   'her furniture'

To these types of constructions, we can also add adjectives:

det røde huset mitt   'my red house'
de nye møblene hennes   'her new furniture'

There is another possessive construction in Norwegian which is used when the ownership of an item is stressed (that is, when we stress that is *her* book, not my book or his book). This construction resembles English more than the possessive constructions we have been looking at up to now.

hennes bok   'her book'
Sveins værelse   'Svein's room'
lærerens blyanter 'the teacher's pencils'

As you see, the owner is mentioned before the item, and the item is in the indefinite. The variable possessive pronouns (like *min--mi--mitt--mine*) must still agree with the item in gender and number. Frequently, however, *ei* nouns are treated like *en* nouns in these constructions: *min bok, din stue.*

Usually the *s* signifying possessive on names and nouns (e.g. *Sveins værelse*) is added without an apostrophe. An *s* can be added to all forms of a noun:

en gutts   'a boy's'   gutters   'boys''
    guttens 'the boy's'   guttenes   'the boys''

If a name ends in *s*, an apostophe is added without another *s*:

Jens' stol 'Jens' chair'

When adjectives are used in this type of construction, the adjective comes between the owner and the item:

Sveins store værelse   'Svein's big room'
lærerens blå bil   'the teacher's blue car'
hennes imponerende bok   'her impressive book'

1. If you use a possessive construction
   with the owner mentioned before the
   item (e.g. <u>Påls</u> <u>hus</u>), is the item in
   the

   INDEFINITE   or   DEFINITE ?   *indefinite*

2. If you use a possessive construction
   with the item mentioned before the
   owner (e.g. <u>huset</u> <u>til</u> <u>Pål</u>), is the
   item in the

   INDEFINITE   or   DEFINITE ?   *definite*

3. Using the construction like <u>ditt</u> <u>hus</u>,
   how do you say:

   'my brother' _____   *min bror*

   'our sisters' _____   *våre søstre*

   'their television' _____   *deres fjernsyn*

   'his boat' _____   *hans båt*

   'Anna's books' _____   *Annas bøker*

   'Per's tables' _____   *Pers bord*

   'the boys' parents _____   *guttenes*
                                            foreldre

4. What form is the adjective in this
   phrase:

   <u>mannens</u> <u>imponerende</u> <u>frimerke</u> ?   *definite*

5. How do you say the following, using
   the construction 'owner before item':

   'my expensive tree' _____   *mitt dyre tre*

   'our new lights' _____   *våre nye lys*

   'Marit's old grandfather'   *Marits gamle*
                                            bestefar
   _____

   'Jens' new car' _____   *Jens' nye bil*

   'the child's big teeth'_____   *barnets store*
                                            tenner

(To be read after chapter 24)

A complex sentence is one which is composed of two clauses: a dependent clause *(en bisetning)* and an independent clause *(en hovedsetning)*. The two clauses are linked by a subordinating conjunction *(en underordnende konjunksjon)*, which always comes before the subject in the dependent clause.

In the following examples, we will use these abbreviations to label the parts of the sentence. Note that capital letters refer to independent clauses.

> IND independent clause
> dep dependent clause
> S   subject of independent clause
> s   subject of dependent clause
> V   verb (or first element of verb) in independent clause
> v   verb (or first element of verb) in dependent clause
> sc   subordinating conjunction

Study these two sample complex sentences in English, paying attention to the parts which are labeled:

1.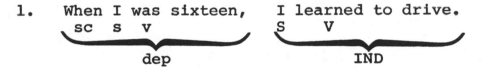

2.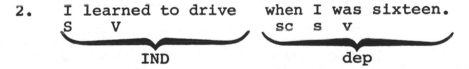

Now we will look at how complex sentences are formed in Norwegian. One aspect to keep in mind is that conjunctions do not cause inversion of the normal subject--verb word order. This holds for both co-ordinating conjunctions *(en sideordnende konjunksjon)* like *og, men, eller,* and *for,* and for subordinating conjunctions like *at, om, fordi, da, når,* and *selv om.* Thus, in a dependent clause, the word order is always:

> sc   s   v.

But dependent clauses cannot stand alone; they always join up with an independent clause to form a complex sentence. Word order in the independent clause is normal (S--V) when the independent clause begins the sentence:

3.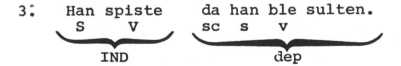

If we move the dependent clause to the first slot in the sentence, the word order in the independent clause must be inverted (V--S):

4.　Da han ble sulten,　spiste han.

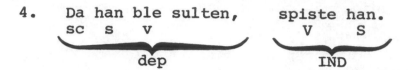

A comma separates the two clauses when the dependent clause comes first.

The inversion in the independent clause of sentence 4. follows the same pattern as V--S inversion in these simple declarative sentences:

5.　Frokost spiste han.
　　　　　　V　　　S

6.　Klokka sju spiste han.
　　　　　　　　V　　　S

7.　Da spiste han.
　　　　V　　S

In examples 5-7, as well as in 4, something other than the subject of the sentence is in the first slot. We can think of dependent clauses filling the first slot in the same way that objects, prepositional phrases, and adverbs can fill it.

The final aspect of word order in complex sentences deals with the placement of adverbs (like *ikke*) in dependent clauses. You recall that in independent clauses (and simple declarative sentences) *ikke* comes right after the V:

8.　Han snakker ikke.
　　　S　　V　　adv

In dependent clauses, however, *ikke* and some other adverbs come <u>before</u> the verb:

9.　fordi han ikke snakker
　　　sc　　s　　adv　　v

This word order occurs both when the dependent clause is first in the complex sentence:

10.　Fordi vi ikke så deg,　gikk vi videre.

and when the independent clause comes first:

11.　Vi gikk videre　fordi vi ikke så deg.

PASSIVES

(to be read after chapter 25)

In active sentences, the subject is the actor, the one who "does" the action of the verb. In passive sentences, however, the subject receives the action of the verb; it is acted upon. These two English sentences serve as examples:

ACTIVE   The cat is chasing a mouse.
PASSIVE   A mouse is being chased (by the cat).

We do not have to mention the actor (here 'the cat') in the passive sentence, but we can include it after the preposition 'by.'

In English, passives are formed by using a form of the verb 'to be' and the past participle of the main verb. By changing the tense of the auxiliary 'to be,' we can create passive sentences which correspond to all of the tenses we have in active sentences:

ACTIVE	PASSIVE
to chase	to be chased
chases	is chased
is chasing	is being chased
chased	was chased
was chasing	was being chased
has chased	has been chased
had chased	had been chased
will/shall chase	will/shall be chased.

Note that in the passive examples above, the form of the verb after 'to be, is, is being . . .' is always 'chased,' the past participle of 'to chase.'

In Norwegian, there are two ways to form passives:

1. a compound passive (similar to the English construction)
2. an -*s* passive (with no analogous structure in English).

1. COMPOUND PASSIVE. As in English, the compound passive uses an auxiliary verb and the past participle. The auxiliary verb in Norwegian is *å bli (blir, ble, har blitt).*

	ACTIVE
present	Jeg spiser pølsene.
imperfect	Jeg spiste pølsene.
pres. perf.	Jeg har spist pølsene.
future	Jeg skal spise pølsene.

	PASSIVE
present	Pølsene blir spist (av meg).
imperfect	Pølsene ble spist (av meg).
pres. perf.	Pølsene har blitt spist (av meg).
future	Pølsene skal bli spist (av meg).

Remember that in these passive sentences, the past participle (*spist*) remains constant while the tense of *å bli* varies to correspond to the tenses of the active sentences.

2. *-S* PASSIVE. The second passive construction is called the
-s passive. An *-s* is added to the active infinitive form to
create the passive verb. This form functions as both the
passive present tense and the passive infinitive:

       PRESENT   Pølsene spises (av meg).
       INFINITIVE (after modal) Pølsene skal spises (av meg).

Other tenses of the *-s* passive are rare.

There is a tendency to use the compound passive (*å bli* + past
participle) for single events or specific occurrences of
events. The *-s* passive usually expresses actions which are
of a more general or repetitive nature, or are not limited in
time. The *-s* passive is also common as the infinitive form
used after modals.

MUNTLIGE ØVELSER

FØRSTE KAPITTEL

A. LEST INN PÅ BÅNDET

	side	linje	tekst
I.	3	1	*God dag. . . .*
		6	*Er du fra Norge?*
II.	5	Vi lærer utenat	*God dag. . . .* *Bare bra, takk.*

B. ØVELSER

BÅNDET	STUDENTEN
I. Heter han Hans?	*Ja, han heter Hans.*
Heter hun Anne?	*Ja, hun heter Anne.*
II. Heter jeg Jens?	*Nei, du heter ikke Jens.*
Er Kari fra Amerika?	*Nei, Kari er ikke fra Amerika.*
III. Jeg heter Jens.	*Jeg heter ikke Jens.*
Familien min er fra Norge.	*Familien min er ikke fra Norge.*
IV. Kari er fra Amerika.	*Hun er fra Amerika.*
Hvor er Jens fra?	*Hvor er han fra?*

C. DIKTAT

1.

2.

3.

A. LEST INN PÅ BÅNDET

	side	linje	tekst
I.	9	1	*God dag. . . .*
		6	*Nei, jeg snakker ikke engelsk.*
II.	10	15	*Jorunn, jeg er lærer. . . .*
	11	25	*Takk for i dag.*
III.	11	Vi lærer utenat	*Morn. . . .* *Likeså. Ha det bra.*

B. ØVELSER

BÅNDET	STUDENTEN
I. Er Hansen lærer?	*Ja, han er lærer.*
Forstår Jorunn norsk?	*Ja, hun forstår norsk.*
II. Er Hansen lærer?	*Nei, han er ikke lærer.*
Forstår Jorunn norsk?	*Nei, hun forstår ikke norsk.*
III. Hva heter han? *(Hansen)*	*Han heter Hansen.*
Snakker han norsk? *(Nei)*	*Nei, han snakker ikke norsk.*

IV. Bokstavene heter på norsk:

A B C D E F G H I J K L M N O P Q R S T U V W X Y Z Æ Ø Å

V. Hvordan staver vi 'Anne'?	*Vi staver 'Anne' A-N-N-E.*
Hvordan staver vi 'takk'?	*Vi staver 'takk' T-A-K-K.*

173

C. DIKTAT OG SPØRSMÅL

Kari

Spørsmål

1. Hva er Kari?

2. Er hun lærer?

3. Forstår hun norsk?

4. Snakker hun norsk?

5. Forstår du norsk?

TREDJE KAPITTEL

A. LEST INN PÅ BÅNDET

	side	linje	tekst
I.	17	1	*God dag, Svein. . . .*
		7	*Jeg lærer norsk, engelsk og historie.*
II.	17	8	*Jorunn, har du en jobb? . . .*
	18	21	*Du er lærer på en skole.*
III.	20	Vi lærer utenat	*God dag. . . .*
			Ja, jeg arbeider på en fabrikk.
IV.	20	22	*Hvor gammel er du, Jorunn? . . .*
	21	29	*Jeg er seksten år gammel.*
V.	21	Vi lærer utenat	*God dag. . . .*
			Likeså.

VI..

Elle melle
ming mang
ding dang
aster laren leren lo
en to
snipp snapp snute ute!

B. ØVELSER

BÅNDET	STUDENTEN
I. Jeg har en jobb.	*Har jeg en jobb?*
Hun forstår norsk.	*Forstår hun norsk?*
II. Bjørn er student nå.	*Var han student før?*
Anne var elev før.	*Er hun elev nå?*
III. Jeg arbeider på et kontor.	*Jeg arbeider ikke på et kontor.*
Du lærer engelsk.	*Du lærer ikke engelsk.*

IV. Vi teller fra én til tjue:

EN, TO, TRE, FIRE, FEM,
SEKS, SJU, ÅTTE, NI, TI,
ELLEVE, TOLV, TRETTEN, FJORTEN, FEMTEN,
SEKSTEN, SYTTEN, ATTEN, NITTEN, TJUE.

(B. ØVELSER--FORTSATT)

V. Vi teller videre:
TJUE, TJUEEN, TJUETO, TJUETRE, TJUEFIRE, TJUEFEM,
TJUESEKS, TJUESJU, TJUEÅTTE, TJUENI, TRETTI,

FØRTI, FEMTI, SEKSTI, SYTTI, ÅTTI, NITTI, HUNDRE,
HUNDRE OG TI, TO HUNDRE, TUSEN, TUSEN OG TI.

VI. Vi teller hvert femte tall:

| fem | *ti* |
| femten | *tjue* |

C. DIKTAT OG SPØRSMÅL

Jens

Spørsmål

1. Er Jens elev?

2. Hva studerer han?

3. Hvor gammel er han?

A. LEST INN PÅ BÅNDET

	side	linje	tekst
I.	27	1	*God dag. . . .*
	28	33	*Mange takk.*
II.	30	Vi lærer utenat	*Vær så god. . . .* *Mange takk.*
III.	32	Vi lærer utenat	*God dag. . . .* *Ha det.*

B. ØVELSER

I. Hør på spørsmålene og svar:
Listen to the questions, then answer:

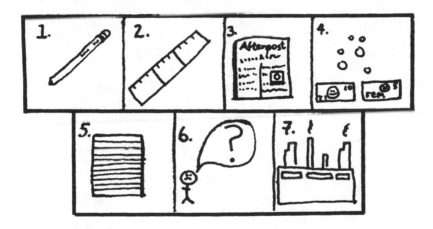

BÅNDET	STUDENTEN
II. Her er en penn.	*Hvor er pennen?*
Her er en elev.	*Hvor er eleven?*
III. Kjøper du pennen?	*Nei, jeg trenger ikke en penn.*
Kjøper du skrivepapiret?	*Nei, jeg trenger ikke skrivepapir.*
IV. Jeg heter Kari.	*Hva heter du?*
Jeg arbeider på et kontor.	*Hvor arbeider du?*

C. LYTTEØVELSE

Slå sirkel rundt tallene som blir lest.
Draw a circle around the numbers which are read.

1. 4   5   6

2. 7   17   20

3. 8   18   80

4. 14   16   19

5. 62   72   77

D. DIKTAT OG SPØRSMÅL

Erik

Spørsmål

1. Hva har Erik?

2. Hva trenger han?

3. Kjøper han et viskelær?

4. Hva koster linjalen?

FEMTE KAPITTEL

A. LEST INN PÅ BÅNDET

	side	linje	tekst
I.	38	1	*Lærer! . . .*
		13	*Jeg har ikke penger nå.*
II.	40	14	*Det er fire vegger, to vinduer, et tak og . . .*
		20	*. . . sukker og leser videre.*
III.	41	21	*Svein, har du en penn, blyant og skrivepapir . . .*
		29	*Vi leser sammen <u>nå</u>.*
IV.	44 Vi lærer		*God dag. . . .*
	utenat		*Nei, ikke ennå.*
V.			Okker gokker gummiklokker
			erle perle
			piff paff puff!

B. ØVELSER

BÅNDET	*STUDENTEN*
I. Jeg leser en avis.	*Jeg leser to aviser.*
Jeg ser en pike.	*Jeg ser to piker.*
II. Det er noen pulter i klasseværelset.	*Hvor er pultene?*
Det er noen vinduer i klasseværelset.	*Hvor er vinduene?*
III. Er det et golv her?	*Ja, der er golvet.*
Er det en pult her?	*Ja, der er pulten.*
IV. Hvordan staver vi 'papir'?	*Vi staver 'papir' P-A-P-I-R.*
Hvordan staver vi 'kjøper'?	*Vi staver 'kjøper' K-J-Ø-P-E-R.*
V. Snakker du norsk?	*Ja, jeg snakker norsk.*
Har du ikke ei bok?	*Jo, jeg har ei bok.*

(B. ØVELSER--FORTSATT)

VI. Er du fra Norge?   *Nei, jeg er ikke fra Norge.*

Snakker du ikke   *Nei, jeg snakker ikke engelsk.*
engelsk?

C. DIKTAT OG SPØRSMÅL

Ingrid og Olav

Spørsmål

1. Er Ingrid en gutt?

2. Hvor mange gutter og piker er det i klassen?

3. Hva leser elevene?

4. Er boka på engelsk?

5. Ser ikke elevene på bildene?

SJETTE KAPITTEL

A. LEST INN PÅ BÅNDET

	side	linje	tekst
I.	50	8	*(Svein banker på døra til Jorunn.) . . .*
		21	*Jeg har det bra på golvet, takk.*
II.	51	Vi lærer utenat	*Hei, hva gjør du? . . .*
			. . . bøkene der på golvet er på norsk.
III.	52	22	*Du, Jorunn, har du et frimerke? . . .*
	53	36	*Men har du et frimerke allikevel?*
IV.	56	37	*Jorunn! Ser du ikke? . . .*
		53	*Tror du han så oss?*
V.	61	Noen navn	*Guttenavn . . .*
			. . . Marit

B. ØVELSER

BÅNDET	STUDENTEN
I. Jeg har en blyant her.	*Men vi har to blyanter.*
Jeg har ei klokke her.	*Men vi har to klokker.*
II. Jeg ser en gutt der.	*Hva? Ser du en gutt der?*
Jeg så en gutt der.	*Hva? Så du en gutt der?*
III. Ser du på et bilde?	*Nei, jeg ser ikke på et bilde.*
Ser du avisen?	*Nei, jeg ser ikke avisen.*
IV. Svein har et hus.	*Det er huset til Svein.*
Anne har to blyanter.	*Det er blyantene til Anne.*
V. Jeg snakker norsk.	*Kåre forstår meg.*
Jorunn snakker norsk.	*Kåre forstår henne.*
VI. Kjenner du ham?	*Nei, jeg kjenner ham ikke.*
Kjenner du Odd?	*Nei, jeg kjenner ikke Odd.*
VII. Leser dere bøker?	*Ja, vi liker å lese bøker.*
Skriver dere brev?	*Ja, vi liker å skrive brev.*

C. DIKTAT OG SPØRSMÅL

Øystein

Spørsmål

1. Hva er på skrivebordet til Øystein?

2. Liker han ikke å lese?

3. Hva lærer han å gjøre?

4. Trenger han ikke å studere?

A. LEST INN PÅ BÅNDET

	side	linje	tekst
I.	67	1	*(Svein ringer til Jorunn.) . . .*
	68	20	*Ha det.*
II.	72	21	*Du Svein? . . .*
	73	37	*Ja, men jeg liker meg bedre hos Jens-Petter.*
III.	75	38	*Jorunn er på badet. . . .*
		49	*Hun liker seg foran speilet.*
IV.	78	Vi øver oss	*Legger du deg allerede? . . .*
			Bare når det er en god film om Norge.

B. ØVELSER

BÅNDET	STUDENTEN
I. Spiser du pizza?	*Nei, jeg spiser ikke pizza.*
Liker Bjørn å drikke cola?	*Nei, Bjørn liker ikke å drikke cola.*
II. Jeg legger meg klokka elleve.	*Jeg legger meg klokka elleve.*
(Vi)	*Vi legger oss klokka elleve.*
III. Så du deg i speilet?	*Så du deg i speilet?*
(vi)	*Så vi oss i speilet?*
IV. Ringer Svein til Jorunn?	*Ja, han ringer til henne.*
Leser Anne boka?	*Ja, hun leser den.*
V. ei klokke	*to klokker*
et bilde	*to bilder*
VI. tre	*fire*
ni	*ti*

C. UTTALEØVELSE

Les setningen etter at du hører klokka.
Read the sentence after you hear the bell.

1. Hvor mange jenter er hjemme i dag?

2. Hva gjør de?

3. Det er elleve elever hos meg.

4. Unnskyld, studerer du ved universitetet?

D. DIKTAT OG SPØRSMÅL

Et brev til Jorunn

Spørsmål

1. Hvordan har Svein det?

2. Hvor er han?

3. Hvem besøker han?

4. Hvorfor liker han seg i Bergen?

A. LEST INN PÅ BÅNDET

	side	linje	tekst
I.	85	Vi øver oss	*Hva vil du ha til frokost i dag? . . . Vel bekomme.*
II.	87	7	*Hva skal du ha, Åse? . . .*
	88	28	*Mange takk.*
III.	91	Vi øver oss	*Morn. Skal du spise frokost nå? . . . Ha det bra.*
IV.			**Hikke-mikke, mikke-hikke! Nå må jeg få melk å drikke!**

B. ØVELSER

BANDET	STUDENTEN
I. Jeg leser avisen klokka sju.	*Pleier du å lese avisen klokka sju?*
Jeg legger meg klokka sju.	*Pleier du å legge deg klokka sju?*
II. Jeg er hjemme.	*Liker du deg hjemme?*
Solveig er hjemme.	*Liker Solveig seg hjemme?*
III. Hun snakker norsk.	*Ja, men kan du snakke norsk?*
Hun sitter på golvet.	*Ja, men kan du sitte på golvet?*
IV. Vi ligger på golvet.	*Vil du også ligge på golvet?*
Vi ser filmen.	*Vil du også se filmen?*
V. Han spiser formiddags- mat allerede.	*Må han spise formiddagsmat nå?*
Han banker på døra allerede.	*Må han banke på døra nå?*

C. LYTTEØVELSE

Lytt til brevet Aud skriver og svar så på spørsmålene:

1. Kjenner Aud noen andre studenter?

2. Når pleier hun å spise frokost?

3. Hva drikker hun til frokost?

NIENDE KAPITTEL

A. LEST INN PÅ BÅNDET

	side	linje	tekst
I.	95	1	*Dette er et hus. . . .*
		10	*. . . når de spiser middag.*
II.	101	23	*Hei, Svein. Har du boka mi?*
		40	*Skal vi bruke dem?*
III.	108	62	*Frokost liker familien å spise omkring . . .*
		72	*De liker seg hjemme.*
IV.	110	Vi øver	*God dag, god dag. . . .*
		oss	*Jo, tusen takk, det vil jeg gjerne!*

B. ØVELSER

BÅNDET	STUDENTEN
I. Jeg bruker pennen.	*Bruker du den?*
Marit så på bildene.	*Så hun på dem?*
II. Har du to blyanter?	*Ja, det er blyantene mine.*
Har jeg ei bok?	*Ja, det er boka di.*
III. Hun hadde ei klokke.	*Vi så ikke klokka hennes.*
Han hadde et hus.	*Vi så ikke huset hans.*
IV. Kan dere bruke fjernsynet deres?	*Nei, fjernsynet vårt er ikke her.*
Kan vi bruke lenestolene våre?	*Nei, lenestolene deres er ikke her.*
V. De kjøper ei lampe.	*Hvor mye koster lampa deres?*
Han kjøper noen blyanter.	*Hvor mye koster blyantene hans?*
VI. Har dere et viskelær?	*Ja, her kan du se viskelæret vårt.*
Har jeg ei bok?	*Ja, her kan du se boka di.*

187

(B. ØVELSER--FORTSATT)

VII. Ser du boka hennes?   *Er den hennes?*

Ser du husene våre?   *Er de deres?*

VIII. De drikker kaffe i   *I Bergen drikker de også kaffe.*
Oslo.

De kjøper mat i Oslo.   *I Bergen kjøper de også mat.*

IX. Du må skrive brevet   *I morgen skal jeg skrive brevet.*
nå.

Du må ringe til Svein   *I morgen skal jeg ringe til Svein.*
nå.

X. I badet vasker vi oss.   *I badet vasker vi oss.*

(han)   *I badet vasker han seg.*

(jeg)   *I badet vasker jeg meg.*

C. LYTTEØVELSE

Lytt til 'Huset til Jorunn' og svar så på spørsmålene:

1. Hvor er soveværelset til Jorunn?

2. Er det ikke noen bilder på veggene der?

3. Er badet i første etasje?

4. Hva gjør Jorunn når hun sitter på golvet i stua?

A. LEST INN PÅ BÅNDET

	side	linje	tekst
I.	114	9	*Kjenner du foreldrene mine? . . .*
	115	39	*Nå tuller du igjen, Svein.*
II.	117	40	*Jeg har en onkel i Amerika. . . .*
	118	60	*Nei takk!*
III.	119	Vi øver oss	*Er ikke bestemoren din fra Norge?* *Ja, kanskje det.*

IV.
Dippe, dippe due,
min mor er en frue,
min far er en herremann,
min bror er en spillemann.
Han spiller ikke lenger
for strenger koster penger.

B. ØVELSER

BÅNDET	STUDENTEN
I. Gerd har en mor.	*Hvor er moren hennes?*
Jeg har en søster.	*Hvor er søsteren din?*
II. Karsten har spist middag.	*Har han spist middag?*
Aud må skrive til Pål.	*Må hun skrive til ham?*
III. Var dere hjemme i går kveld?	*Ja, i går kveld var vi hjemme.*
Spiste dere middag i går kveld?	*Ja, i går kveld spiste vi middag.*
IV. Har Kari bare én bror?	*Nei, hun har to brødre.*
Har Kari bare én tante?	*Nei, hun har to tanter.*
V. Jeg har mange fettere.	*Men du har bare én fetter i Norge.*
Jeg har mange barnebarn.	*Men du har bare ett barnebarn i Norge.*

(B. ØVELSER--FORTSATT)

VI. Han har én mor og én far.

Ja, han har to foreldre.

Han har én bror og to søstre.

Ja, han har tre søsken.

C. LYTTEØVELSE

Lytt til historien om Gro og familien hennes og svar så på spørsmålene:

1. Er moren til Gro lærer?

2. Hvor arbeider faren hennes?

3. Har Gro mange sønner og døtre?

4. Hvor mange søsken har hun?

5. Har Magne, Liv og Marit mange barn?

6. Lever faren til moren hennes?

ELLEVTE KAPITTEL

A. LEST INN PÅ BÅNDET

	side	linje	tekst
I.	125	1	*God dag. Får jeg presentere meg? . . .*
		6	*Mennesker interesserer meg.*
II.	127	7	*Nå besøker jeg Ingeborg og Arne Bakke. . . .*
	128	17	*"Du har kanskje sett bildet mitt i avisen."*
III.	132	33	*Jeg har sovet bra og spist en god frokost. . . .*
		44	*. . . frukt, epler og pærer.*
IV.	137	Vi øver oss	*Bor du på landet eller i byen? . . .*
			Ja, det kan du si, men det er også mye arbeid.

B. ØVELSER

BÅNDET	*STUDENTEN*
I. Vi legger oss klokka elleve i kveld.	*Pleier dere å legge dere klokka elleve?*
Dag legger seg klokka elleve i kveld.	*Pleier Dag å legge seg klokka elleve?*
II. Vi spiser snart.	*La oss spise nå!*
Vi sitter i stolene snart.	*La oss sitte i stolene nå!*
III. Jeg vil gjerne se på spisekartet.	*Du får se på spisekartet i morgen.*
Jeg vil gjerne reise til Norge.	*Du får reise til Norgen i morgen.*
IV. Mor, Bjørn drikker ikke melken.	*Bjørn, drikk melken!*
Mor, Bjørn sover ikke.	*Bjørn, sov!*
V. Jeg føler meg velkommen her.	*Jeg føler meg velkommen her.*
(Mette)	*Mette føler seg velkommen her.*

(B. ØVELSER--FORTSATT)

VI. Har du et eple?   *Ja, men før hadde jeg mange epler.*

Har du en hund?   *Ja, men før hadde jeg mange hunder.*

VII. Kjenner du mange   *Nei, jeg kjenner bare én gutt.*
gutter?

Kjøper du mange   *Nei, jeg kjøper bare én stol.*
stoler?

C. LYTTEØVELSE

Fyll inn ordene og uttrykkene som mangler mens du hører
på båndet:

Nå besøker vi herr og fru Johnson. _____ har fire

barn -- tre _____ og en _____. De bor

på en gård _____ og barna må ofte _____

foreldrene på gården. Familien dyrker _____,

rug, _____ og noen grønnsaker. Johnson _____

hveten, rugen og havren _____. Noen ganger reiser

fru Johnson til byen med ham. _____ selger hun

noen av grønnsakene _____. Familien Johnson har

også noen _____ -- de har et par _____ og

_____ og en katt og en _____.

TOLVTE KAPITTEL

A. LEST INN PÅ BÅNDET

	side	linje	tekst
I.	144	1	*Jeg er fremdeles på besøk hos familien Bakke . . .*
		12	*"Nei, dessverre, ham kjenner jeg ikke."*
II.	151	20	*Klokka er nå halv seks. . . .*
		35	*I år vil vi gjerne reise til Sverige.*
III.	155	Vi øver	*God morgen. . . .*
	156	oss	*Ha det hyggelig i byen!*

B. ØVELSER

BÅNDET	STUDENTEN
I. Jeg trenger et kjøleskap.	*Er det ikke kjøleskapet ditt?*
Svein trenger en blyant.	*Er det ikke blyanten hans?*
II. Jeg leser i boka mi	*Jeg leser i boka mi.*
(Vi)	*Vi leser i boka vår.*
III. Vi så på huset vårt i går.	*Vi så på huset vårt i går.*
(Arne)	*Arne så på huset sitt i går.*
(traktor)	*Arne så på traktoren sin i går.*
IV. Vil du spise fisk i dag?	*Nei, jeg spiste fisk i går.*
Vil du være på skolen i dag?	*Nei, jeg var på skolen i går.*

(B. ØVELSER--FORTSATT)

V.

A) 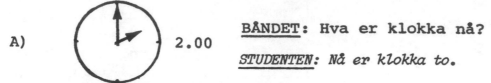 2.00

<u>BÅNDET</u>: Hva er klokka nå?

<u>STUDENTEN</u>: *Nå er klokka to.*

B) 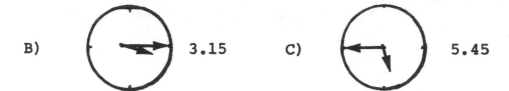 3.15 C) 5.45

D)  7.55 E) 1.00

F)  11.30 G) 4.35

VI. Ukedagene heter:

MANDAG, TIRSDAG, ONSDAG, TORSDAG, FREDAG, LØRDAG, SØNDAG

Månedene heter:

JANUAR, FEBRUAR, MARS, APRIL, MAI, JUNI, JULI,

AUGUST, SEPTEMBER, OKTOBER, NOVEMBER, DESEMBER.

VII. Hvilken dag kommer etter mandag?

Etter mandag kommer tirsdag.

Hvilken dag kommer etter fredag?

Etter fredag kommer lørdag.

VIII. I dag er det den 1. februar. Hvilken dato er det i morgen?

I morgen er det den annen februar.

I dag er det den 5. mars. Hvilken dato er det i morgen?

I morgen er det den sjette mars.

C. UTTALEØVELSE

Les setningen etter at du hører klokka:

1. Det er et kjøleskap i kjelleren.

2. Kan vi få regningen?

3. Journalisten presenterer mannen sin.

4. Halv tolv spiser vi formiddagsmat.

D. DIKTAT

1.

2.

3.

4.

TRETTENDE KAPITTEL

A. LEST INN PÅ BÅNDET

	side	linje	tekst
I.	159	1	*Den 6. juni. Oslo er hovedstaden i Norge. . . .*
		15	*. . . og en sønn, Haakon Magnus.*
II.	163	16	*Nå ser vi på et stort teater. . . .*
		27	*. . . og de liker å besøke friluftskafeene.*
III.	172	Vi øver oss	*God dag. Er du ikke fra USA? . . .*
			. . . men det er allikevel svært moderne.

B. ØVELSER

BÅNDET	STUDENTEN
I. Har du sett mange gårder?	*Nei, jeg har bare sett én gård.*
Har du sett mange kjøleskap?	*Nei, jeg har bare sett ett kjøleskap.*
II. Er huset imponerende?	*Nei, men det er stort.*
Er blomsten imponerende?	*Nei, men den er stor.*
III. Er det en butikk her i byen?	*Ja, det er en god butikk her.*
Er det noen hoteller her i byen?	*Ja, det er mange gode hoteller her.*
IV. Jens kjøper et gult hus.	*Jens kjøper et gult hus.*
(rød)	*Jens kjøper et rødt hus.*
(bygning)	*Jens kjøper en rød bygning.*
V. Er alle gatene lange her i byen?	*Nei, men dette er ei lang gate.*
Er alle blomstene fine her i byen?	*Nei, men dette er en fin blomst.*

(B. ØVELSER--FORTSATT)

VI. Vi vil skrive om et hus.   *Hvilket hus vil dere skrive om?*

Vi vil skrive om en gård.   *Hvilken gård vil dere skrive om?*

C. LYTTEØVELSE

Fyll inn ordene som mangler mens du hører på båndet:

Onkelen og tanten til Siri bor i et _____ og

_____ hus på en _____ _____ gård.

Familien har mange _____ dyr på gården. De har

hester, kuer, griser, katter og en hund. Siri liker

_____ besøke onkelen og tanten sin på gården.

_____ har hun _____ alltid _____.

Nå er låven _____ av høy og været er ennå

_____. Det er en _____ dag. Jorunn

ligger i høyet på låven og ser på dyrene. Tanten

_____ arbeider i _____, og onkelen hennes

lager en _____ middag til alle sammen. Det er

en _____ dag å være på landet.

A. LEST INN PÅ BÅNDET

	side	linje	tekst
I.	179	1	*Den 11. juni. . . .*
		8	*. . . pene værelser med fine møbler.*
II.	181	10	*Vi går ut av Rådhuset . . .*
	182	32	*. . . og Robert bruker lang tid inne i museet.*
III.	194	Vi øver	*Nå, hvordan går det? . . .*
		oss	*Jeg skal aldri glemme den.*
IV.			Store klokker sier:
			Tikk-takk, tikk-takk.
			Mindre klokker sier:
			Tikke-takke, tikke-takke.
			Men de små
			vi har i lommen sier:
			Tikke-tikke, takke-takke,
			tikke-tikke, takk.

B. ØVELSER

BÅNDET	STUDENTEN
I. Vi kan ikke finne et rimelig værelse.	*Men det er mange rimelige værelser her.*
Vi kan ikke finne ei gul pære.	*Men det er mange gule pærer her.*
II. Jeg så en gård.	*Du så en norsk gård. Den var gammel.*
Jeg så noen dyr.	*Du så noen norske dyr. De var gamle.*
III. Vil du gå opp nå?	*Nei, jeg har allerede vært oppe.*
Vil du gå inn i huset nå?	*Nei, jeg har allerede vært inne i huset.*
IV. Vi bor der ute.	*Vi bor der ute.*
(reiser)	*Vi reiser dit ut.*
(dit opp)	*Vi reiser dit opp.*

(B. ØVELSER--FORTSATT)

    V. Jeg liker ikke bildet mitt. — *Kjøp et annet bilde.*

    Jeg liker ikke bordene mine. — *Kjøp noen andre bord.*

    VI. Er kommoden din stor? — *Nei, den er liten.*

    Er problemet ditt stort? — *Nei, det er lite.*

    VII. Vi har fine møbler i dag. — *Hadde dere ikke fine møbler i går?*

    Vi er gode studenter i dag. — *Var dere ikke gode studenter i går?*

C. LYTTEØVELSE

Lytt til historien om Marit og svar så på spørsmålene:

1. Hvem besøker Marit?

2. I hvilken by bor de?

3. Bor de i et stort hus?

4. Hvorfor kommer turistene til kafeen?

5. Hva gjør turistene når de snakker med Marit?

FEMTENDE KAPITTEL

A. LEST INN PÅ BÅNDET

	side	linje	tekst
I.	201	1	*Skal vi spise nå? . . .*
	202	29	*"Vel bekomme," svarer vertinnen.*
II.	205	Vi øver	*Dette var deilig mat. . . .*
		oss	*Vel bekomme.*
III.	207	Vi øver	*Vær så god. . . .*
	208	oss	*Vel bekomme.*

B. ØVELSER

BÅNDET	STUDENTEN
I. Hvor er papiret til Gro?	*Odd kan ikke finne papiret hennes.*
Hvor er båten til Odd?	*Odd kan ikke finne båten sin.*
II. Kan du være så snill å sende meg saltet?	*Kan du være så snill å sende meg saltet?*
(saus)	*Kan du være så snill å sende meg sausen?*
III. Mor, Leif og Liv vasker seg ikke.	*Leif og Liv, vask dere!*
Mor, Leif kommer ikke til bordet.	*Leif, kom til bordet!*
IV. Vil dere ha en kopp kaffe?	*Ja, vi har lyst på en kopp kaffe.*
Vil dere drikke melk?	*Ja, vi har lyst til å drikke melk.*
V. Har hun lyst på vin?	*Nei, hun vil ikke ha vin.*
Hadde hun lyst til å ta båten dit ut?	*Nei, hun ville ikke ta båten dit ut.*
VI. De spiser nå.	*I går spiste de også.*
De må reise seg nå.	*I går måtte de også reise seg.*

201

C. DIKTAT

Et måltid

SEKSTENDE KAPITTEL

A. LEST INN PÅ BÅNDET

	side	linje	tekst
I.	223	1	*Den 16. juni. . . .*
		15	*Det er et fantastisk bilde.*
II.	232	Vi øver	*Har du spist middag?*
	233	oss	*. . . men jeg håper at de har noe annet enn fisk.*
III.	240	71	*Nå har vi gått et langt stykke . . .*
		85	*. . . på det gamle pianoet hans.*

IV.

En er en og to er to --
vi hopper i vann,
vi triller i sand.

Zikk, zakk,
vi drypper på tak,
tikk takk,
det regner i dag.

Regn, regn, regn, regn,
øsende regn, pøsende regn,
regn, regn, regn, regn,
deilig og vått, deilig og rått!

En er en og to er to --
vi hopper i vann,
vi triller i sand.

Zikk zakk,
vi drypper på tak,
tikk takk,
det regner i dag.

S. Obstfelder

B. ØVELSER

BÅNDET	STUDENTEN
I. Jeg ser en stor gård.	*Jeg ser en stor gård.*
(pen)	*Jeg ser en pen gård.*
(et hus)	*Jeg ser et pent hus.*
II. Han har en fin hund.	*Hun har to fine hunder.*
Han har et gammelt flagg.	*Hun har to gamle flagg.*

(B. ØVELSER--FORTSATT)

III. Huset er rødt.   *Hvor er det røde huset?*

      Utsikten er fantastisk.   *Hvor er den fantastiske utsikten?*

IV. Er byen stor?   *Nei, den er liten.*

     Er skipet stort?   *Nei, det er lite.*

V. Hvilket hus liker du?   *Jeg liker det lille huset.*

    Hvilke stuer liker du?   *Jeg liker de små stuene.*

VI. Huset mitt er rødt.   *Hvor er det røde huset ditt?*

     Blomstene hans er pene.   *Hvor er de pene blomstene hans?*

VII. Svein kjøper et hus.   *Det nye huset til Svein er lite.*

      Jeg kjøper ei hytte.   *Den nye hytta di er lita.*

C. DIKTAT

Et brev fra Bergen

SYTTENDE KAPITTEL

A. LEST INN PÅ BÅNDET

	side	linje	tekst
I.	249	1	*Svein! Du må stå opp! . . .*
		24	*. . . din første dag på jobben.*
II.	265	Vi øver oss (1)	*Hvor lenge har du vært student her på _____? . . .* *Jeg blir lege om seks år, håper jeg.*
III.	266	Vi øver oss (2)	*Nei men, god dag. . . .* *Ha det bra, og god bedring!*
IV.	272 273	61 78	*Det regnet om morgenen . . .* *Den lengste dagen i året hadde allerede begynt.*

B. ØVELSER

BÅNDET	STUDENTEN
I. Var hun i Oslo i går?	*Nei, men hun er i Oslo nå.*
Kunne hun vekke ham i går?	*Nei, men hun kan vekke ham nå.*
II. Astrid bruker en traktor.	*Er det Astrids traktor?*
Han sitter i en lenestol.	*Er det hans lenestol?*
III. Han pleier å sitte hjemme om kvelden.	*Men i kveld sitter han ikke hjemme.*
Han pleier å sove om natten.	*Men i natt sover han ikke.*
IV. Jeg er student nå.	*Hvor lenge har du vært student?*
Jeg spiser fisk nå.	*Hvor lenge har du spist fisk?*
V. Vi besøkte slektningene våre da vi var i Norge.	*Vi pleier å besøke slektningene våre når vi er i Norge.*
Vi forstod det da han fortalte oss det.	*Vi pleier å forstå det når han forteller oss det.*

205

(B. ØVELSER--FORTSATT)

VI. Kjøpte du erter da du   *Ja, da kjøpte jeg erter.*
    var i butikken?

    Tok du toget til Bergen   *Ja, da tok jeg toget til Bergen.*
    da du var to år
    gammel?

C. DIKTAT

1.

2.

3.

4.

5.

A. LEST INN PÅ BÅNDET

	side	linje	tekst
I.	283	1	*Reider stod opp med det samme han våknet . . .*
		16	*. . . og en sein middag med god rødvin.*
II.	298	69	*Berit studerer ved universitetet i Oslo. . . .*
		84	*. . . for å besøke venner og slektninger.*
III.	300	Vi øver oss	*Morn. Hvor går du?*
			Ha det bra.
IV.	302	Noen fag	*amerikansk . . .*
			. . . økonomi
V.	303	Noen yrker	*Jeg er arkitekt . . .*
			Jeg arbeider ute (i friluft).

B. ØVELSER

BÅNDET	*STUDENTEN*
I. Bestilte hun det i går?	*Nei, men hun bestiller det nå.*
Spiste han det i går?	*Nei, men han spiser det nå.*
II. Drikker han?	*Ja, det gjør han.*
Skrev de brevet?	*Ja, det gjorde de.*
III. Bruker du Pers bil?	*Nei, jeg har min egen bil.*
Bruker hun Pers hus?	*Nei, hun har sitt eget hus.*
IV. Vi kjøper et nytt piano.	*Kjøpte dere ikke et nytt piano for noen uker siden?*
Han selger gitaren sin.	*Solgte han ikke gitaren sin for noen uker siden?*
V. Vi fortalte ham det i går.	*Hadde dere ikke fortalt ham det før?*
Vi prøvde å begynne i går.	*Hadde dere ikke prøvd å begynne før?*

C. UTTALEØVELSE

Les setningen etter at du hører klokka.

1. Hun gikk i går tidlig.

2. Hun arbeidet på hotellet.

3. De gav ham tolv kroner.

4. Drog dere dit i går kveld?

5. Det stod en kirke der før atten seksten.

D. DIKTAT

1.

2.

3.

4.

5.

A. LEST INN PÅ BÅNDET

	side	linje	tekst
I.	307	1	*Hallo, det er hos Norvik. . . .*
	308	26	*Morn da.*
II.	309	27	*Familien Norvik bor i Oslo. . . .*
		39	*Hun har hatt den i tre år.*
III.	316	101	*Hei, Jorunn! Ute og går? . . .*
	317	117	*Med deg, Svein, er alle turer lange.*

B. ØVELSER

BÅNDET	STUDENTEN
I. Vi laget middag først. Vi spiste etterpå.	*Først laget vi middag, så spiste vi.*
Vi gledet oss til er glass øl først. Vi drakk etterpå.	*Først gledet vi oss til et glass øl, så drakk vi.*
II. Han kjørte en ny bil. Hun hadde kjøpt bilen.	*Han kjørte den nye bilen som hun hadde kjøpt.*
Han spiste en deilig middag. Hun hadde laget middagen.	*Han spiste den deilige middagen som hun hadde laget.*
III. Har du sett mange pene værelser?	*Nei, jeg har sett bare ett pent værelse.*
Har du sett mange høye fjell?	*Nei, jeg har sett bare ett høyt fjell.*
IV. Synger de pene sanger?	*Ja, og de synger dem pent.*
Synger de fine sanger?	*Ja, og de synger dem fint.*

C. DIKTAT

1.

2.

3.

4.

5.

A. LEST INN PÅ BÅNDET

	side	linje	tekst
I.	321	1	*Det er mange butikker og forretninger . . .*
		16	*. . . sier ofte "Vær så god" igjen.*
II.	327	43	*God dag. Kan jeg hjelpe dere?*
	329	91	*Jeg tar resten.*
III.	337	126	*Vær så god, fru Norvik. . . .*
		149	*Mange takk.*

B. ØVELSER

BÅNDET	STUDENTEN
I. Jeg har lyst på denne stolen.	*Men jeg vil heller ha den stolen.*
Jeg har lyst på disse grønnsakene.	*Men jeg vil heller ha de grønnsakene.*
II. De fjellene er høye.	*Men det fjellet er også høyt.*
Disse bilene er store.	*Men denne bilen er også stor.*
III. Mor, Jens sa at han var høy.	*Ja, men du er egentlig høyere, Anna.*
Mor, Jens sa at han var viktig.	*Ja, men du er egentlig viktigere, Anna.*
IV. Mor, Anna sa at hun var høyere enn meg.	*Nei, Jens, du er forresten den høyeste i hele familien.*
Mor, Anna sa at hun var viktigere enn meg.	*Nei, Jens, du er forresten den viktigste i hele familien.*
V. Det blir seint, og vi blir sultne.	*Jo seinere det blir, jo sultnere blir vi.*
Himmelen er blå, og det blir varmt.	*Jo blåere himmelen er, jo varmere blir det.*

C. LYTTEØVELSE

Slå sirkel rundt tallene som blir lest:

1.	8	18	80	88
2.	2	7	15	20
3.	5	35	45	53
4.	19	29	92	1902
5.	27	44	72	97
6.	100	157	175	570

D. DIKTAT

1.

2.

3.

4.

5.

A. LEST INN PÅ BÅNDET

side	linje	tekst
I. 347	1	*(I banken) Vær så god? . . .*
	7	*Takk skal du ha.*
II. 348	28	*(På postkontoret) Vær så god? . . .*
349	41	*Vær så god.*
III. 351	Hva heter det	*Dameklær . . .*
354	på norsk?	*. . . votter*
IV. 357	91	*Johnson har mistet passet sitt. . . .*
358	105	*"Du vet hvor glemsom jeg er."*

B. DIKTAT

1.

2.

3.

4.

5.

A. LEST INN PÅ BÅNDET

	side	linje	tekst
I.	363	1	*De fire årstidene heter . . .*
		16	*. . . sør for Polarsirkelen i Norge om sommeren.*
II.	369	Vi øver oss	*Tror du du skal til Norge i sommer?*
			. . . adressen til det kontoret i Oslo?
III.	370	48	*Våren er en praktfull årstid i Norge. . . .*
		63	*. . . folk gleder seg til om våren i Norge.*

B. DIKTAT

1.

2.

3.

4.

5.

A. LEST INN PÅ BÅNDET

	side	linje	tekst
I.	375	1	*Folk kan reise på mange måter . . .*
		8	*God tur!*
II.	380	9	*Veiene i Norge er både gode og dårlige. . . .*
		34	*. . . som er svært dyr i Norge.*
III.	389	64	*Det er om kvelden. . . .*
	390	108	*. . . å gå på skolen så lenge!"*

B. ØVELSER

BÅNDET	STUDENTEN
I. Jeg er ikke sulten.	*Hun sier at hun ikke er sulten.*
Jeg blir ikke sjøsyk.	*Hun sier at hun ikke blir sjøsyk.*
II. Alle kan snakke norsk.	*Men her er noen som ikke kan snakke norsk.*
Alle liker å ta toget.	*Men her er noen som ikke liker å ta toget.*
III. Hun spiser gjerne fisk.	*Sier du at hun gjerne spiser fisk?*
Han snakker alltid norsk.	*Sier du at han alltid snakker norsk?*
IV. Hva heter du?	*Hun vet ikke hva jeg heter.*
Når ble du født?	*Hun vet ikke når jeg ble født.*

C. DIKTAT

1.

2.

3.

4.

A. LEST INN PÅ BÅNDET

	side	linje	tekst
I.	405	7	*Svein er syk. . . .*
		34	*. . . enn de smertene han har nå.*
II.	409	35	*Det er to dager seinere. . . .*
	410	72	*Fortsatt god bedring!"*

B. ØVELSER

BÅNDET	STUDENTEN
I. Han ringte mens du var ute.	*Mens jeg var ute, ringte han.*
Han ble syk mens du var ute.	*Mens jeg var ute, ble han syk.*
II. De er ofte her.	*Fordi de ofte er her, liker vi dem.*
De vasker alltid opp.	*Fordi de alltid vasker opp, liker vi dem.*
III. Har du mer enn én fot?	*Ja, jeg har to føtter.*
Har du mer enn én finger?	*Ja, jeg har ti fingrer.*

C. DIKTAT

1.

2.

3.

4.

5.

TJUEFEMTE KAPITTEL

A. LEST INN PÅ BÅNDET

	side	linje	tekst
I.	420	12	*Den 22. april 1977 skjedde det . . .*
		30	*. . . hvis det kommer en ny "blow-out".*
II.	422	31	*Det norske oljeeventyret begynte . . .*
		48	*. . . og selger norske oljeprodukter.*
III.	430	66	*Miljøvernspørsmål har i det siste . . .*
		75	*. . . politiske realiteter i dagens Norge.*

B. ØVELSER

BÅNDET	STUDENTEN
I. Anne selger huset.	*Huset blir solgt av Anne.*
Anne finner bildene.	*Bildene blir funnet av Anne.*
II. Han finner passet.	*Passet blir funnet.*
Han har solgt huset.	*Huset har blitt solgt.*
III. De drikker kaffe der.	*Kaffe drikkes der.*
De snakker engelsk der.	*Engelsk snakkes der.*

C. DIKTAT

1.

2.

3.

4.

5.

A. LEST INN PÅ BÅNDET

	side	linje	tekst
I.	437	1	*Endelig. Nå har Jorunn og Jens-Petter . . .*
		13	*. . . til en lykkelig Jorunn.*
II.	445	39	*Både Jorunns familie og Jens-Petters . . .*
	446	76	*"Jeg orker ikke å holde en tale til!"*

B. ØVELSER

BÅNDET	STUDENTEN
I. Jeg kan snakke norsk.	*Hun sa at hun kunne snakke norsk.*
Jeg selger bilen min.	*Hun sa at hun solgte bilen sin.*
II. Kan du snakke norsk?	*Han spurte om jeg kunne snakke norsk.*
Har du mange penger?	*Han spurte om jeg hadde mange penger.*
III. Har du spist ennå?	*Nei, men jeg kommer til å spise snart.*
Har du stått opp ennå?	*Nei, men jeg kommer til å stå opp snart.*
IV. Spiste du frokost?	*Ja, jeg satt og spiste frokost i to timer.*
Har du lest avisen?	*Ja, jeg har sittet og lest avisen i to timer.*

223

C. DIKTAT

1.

2.

3.

4.

5.

A. LEST INN PÅ BÅNDET

	side	linje	tekst
I.	455	1	*Nordmennene er glad i naturen. . . .*
		11	*. . . mange ganger i løpet av vinteren.*
II.	456	Vi øver	*Er du glad i å gå tur? . . .*
		oss	*Ja, det synes jeg ville være hyggelig.*
III.	460		*Skjærtorsdagens værmelding . . .*
			. . . spesielt i sørlige fjellstrøk.
IV.	460	Vi øver	*Hvor drog dere i påsken? . . .*
	461	oss	*Særlig når det er stygt vær ute.*

B. DIKTAT

1.

2.

3.

4.

5.

LEST INN PÅ BÅNDET

	side	linje	tekst
I.	469	1	*Fem år har gått siden Jorunn og Jens-Petter . . .*
	470	46	*. . . for faren hennes er jernbanemann.*

DIKTAT

1.

2.

3.

4.

5.

the initial sound. Then you should repeat the sound once
again, trying to adjust for the differences between your
first attempt and the speaker's pronunciation. For the nine
single vowels, you can use a mirror to compare your mouth
and lip positions with the illustrations in the book. You
should approach these drills <u>actively</u>: listen, speak,
imitate. Do not sit back and let the tape recorder do all
the talking.

Several types of exercises follow the presentation of new
sounds. You will be asked to:

1. recognize and differentiate sounds (circle the sound
    or word you hear),
2. produce the sounds (after you hear the signal, pro-
    nounce the sound or word listed),
3. show the relationship between the written and spoken
    language (write the word which is spoken),
4. pinpoint parts of words (underline vowels or conso-
    nants).

Before you begin, here are several suggestions to help you
develop good pronunciation habits in a foreign language:

1. listen and repeat--do it often

2. imitate and exaggerate--a difference between sounds
    may seem minor to you, but may be very important
    to a native speaker

3. keep trying--keep your sense of humor about what
    may at first seem like impossible tongue and
    lip contortions.

long	short
/i:/	/i/
si	*sitt*
avis	*fabrikk*
ni	*nitten*
liker	*ikke*
/i:/	/i/

i

long	short
/e:/	/e/
se	*sett*
heter	*teppe*
pen	*penn*
studere	*student*
/e:/	/e/

e

long	short
/æ:/	/æ/
være	*vært*
lære	*Bergen* /bærgen/
er /æ:r/	*herr* /hærr/
fjerde /fjæ:re/	*hjerte* /jærte/
/æ:/	/æ/

æ

I. CIRCLE THE VOWEL OR WORD YOU HEAR:

1. /i:/   /e:/   /æ:/

2. /i:/   /e:/   /æ:/

3. /i:/   /e:/   /æ:/

4. *si*   *se*

5. *lær*   *ler*

6. *pen*   *penn*

II. AFTER YOU HEAR THE SIGNAL, PRONOUNCE THE VOWEL OR WORD:

1. /æ:/   6. *lærer*

2. /i:/   7. *skriver*

3. /e:/   8. *ser*

4. *litt*   9. *sier*

5. *elev*   10. *er*

III. WRITE THE WORD WHICH IS SPOKEN:

1.   5.

2.   6.

3.   7.

4.   8.

long	short
/a:/	/a/
Kari	*Anne*
tak	*takk*
kake	*klasse*
etasje	*tavle*
/a:/	/a/

a

long	short
/å:/	/å/
gå	*gått*
år	*norsk /nårsk/*
forstår	*jobb /jåbb/*
/å:/	/å/

å

long	short
/ø:/	/ø/
før	*førti*
øre	*spørre*
kjøpe	*kjøkken*
gjør /jø:r/	*søster*
/ø:/	/ø/

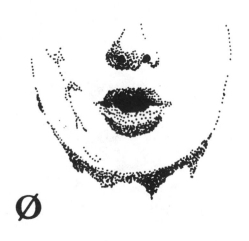

Ø

233

I. CIRCLE THE VOWEL OR WORD YOU HEAR:

    1.   /a:/   /å:/   /æ:/

    2.   /ø:/   /å:/   /æ:/

    3.   /a:/   /å:/   /ø:/

    4.   /e:/   /æ:/   /i:/

    5.   *sa*   *så*

    6.   *der*   *dør*

    7.   *hat*   *hatt*

II. AFTER YOU HEAR THE SIGNAL, PRONOUNCE THE VOWEL OR WORD:

    1. /i:/   6. /æ:/

    2. /ø:/   7. *bra*

    3. /å:/   8. *går*

    4. /a:/   9. *dør*

    5. /e:/   10. *pike*

III. WRITE THE WORD WHICH IS SPOKEN:

    1.   6.

    2.   7.

    3.   8.

    4.   9.

    5.   10.

long	short
/o:/	/o/
god /go:/	ost
bok	bodd
ord /o:r/	borte
noen	hvor /vorr/
/o:/	/o/

o

long	short
/u:/	/u/
du	hun /hunn/
sju	gutt
uke	kunne
stue	pusse
/u:/	/u/

u

long	short
/y:/	/y/
mye	stykke
by	nytt
lys	tysk
/y:/	/y/

y

I. CIRCLE THE VOWEL OR WORD YOU HEAR:

1. /i:/   /y:/   /e:/

2. /e:/   /ø:/   /y:/

3. /o:/   /u:/   /y:/

4. /o:/   /u:/   /y:/

5. /o:/   /ø:/   /u:/

6. *nyss*   *nys*

7. *ni*   *ny*

8. *bor*   *bur*

9. *tå*   *to*

10. *møte*   *mote*

II. AFTER YOU HEAR THE SIGNAL, PRONOUNCE THE VOWEL OR WORD:

1. /ø:/   6. *stol*

2. /o:/   7. *gutt*

3. /u:/   8. *lys*

4. /y:/   9. *spørsmål*

5. /i:/   10. *tulle*

III. WRITE THE WORD WHICH IS SPOKEN:

1.   6.

2.   7.

3.   8.

4.   9.

5.   10.

236

/i/--/e/--/æ/--/a/--/å/--/ø/--/o/--/u/--/y/

PRACTICE THESE VOWELS AND WORDS:

A: /i:/ /e:/ /æ:/ /a:/ /å:/ /ø:/ /o:/ /u:/ /y:/

   bi, be, bæ, ba, bå, bø, bo, bu, by

B. /e:/ -- /y:/

   be   by

C. /e:/ -- /ø:/

   be   bø

D. /o:/ -- /u:/

   bo   bu

E. /u:/ -- /y:/

   bu   by

F. /o:/ -- /ø:/

   bo   bø

   *   *   *   *   *   *   *   *   *   *

I. IS THE STRESSED VOWEL (UNDERLINED) LONG OR SHORT?

	LONG	SHORT			LONG	SHORT
1. *bor*	0	0	8. *avis*	0	0
2. *bodde*	0	0	9. *Amerika*	0	0
3. *gått*	0	0	10. *stemmer*	0	0
4. *står*	0	0	11. *kafé*	0	0
5. *tak*	0	0	12. *unnskyld*	0	0
6. *kaffe*	0	0	13. *hus*	0	0
7. *butikk*	0	0			

II. CIRCLE THE WORD YOU HEAR:

1. *si*   *sy*   8. *lus*   *lys*

2. *for*   *før*   9. *kor*   *kur*

3. *var*   *vær*   10. *hvit*   *hvitt*

4. *står*   *stor*   11. *leke*   *lekke*

5. *sitte*   *sette*   12. *bake*   *bakke*

6. *full*   *føll*   13. *løker*   *løkker*

7. *litt*   *lytt*   14. *ful*   *full*

III. AFTER YOU HEAR THE SIGNAL, PRONOUNCE THE VOWEL OR WORD:

1. /u:/   7. *tåre*

2. /y:/   8. *Tore*

3. /i:/   9. *hus*

4. /o:/   10. *lys*

5. *penn*   11. *bøker*

6. *pen*   12. *lærer*

IV. WRITE THE WORDS YOU HEAR SPOKEN:

1.   6.

2.   7.

3.   8.

4.   9.

5.   10.

UTTALE /æi/--/æu/--/øy/

/æi/ = /æ/ + /i/	/æu/ = /æ/ + /u/	/øy/ = /ø/ + /y/
jeg	*sau*	*høy*
meg	*maur*	*tøy*
nei	*pause*	*høyre*
arbeider	*august*	*øyeblikk*
peis	*tau*	*Øyvind*
seksten	*Europa*	*øye*
/æi/	/æu/	/øy/

veien til Austvågøy

* * * * * * * * * *

I. CIRCLE THE VOWEL, DIPHTHONG, OR WORD YOU HEAR:

1. /æi/   /øy/   /æu/   6. *si   se   seg*

2. /æi/   /øy/   /æu/   7. *meg   møy   med*

3. /øy/   /ø:/   /y:/   8. *si   sy*

4. *høre   høyre*   9. *speil   spill*

5. *ja   jeg*   10. *sauer   sår*

II. AFTER YOU HEAR THE SIGNAL, PRONOUNCE THE VOWEL, DIPHTHONG, OR WORD:

1. /æ:/   6. *Svein*

2. /æi/   7. *tau*

3. /øy/   8. *speil*

4. /ø:/   9. *Øystein*

5. *så*   10. *kafé*

III. WRITE THE WORD YOU HEAR SPOKEN:

1.   4.

2.   5.

3.   6.

239

UTTALE -- trykklett /e/ og /a/

<u>unstressed /e/</u>	<u>unstressed /a/</u>
jente	*jenta*
klokke	*klokka*
tavle	*tavla*
Anne	*Anna*
barnet	*barna*
beinet	*beina*

*   *   *   *   *   *   *   *   *   *   *

I. CIRCLE THE WORD YOU HEAR:

1. *barnet*   *barna*   6. *gate*   *gata*

2. *Anne*   *Anna*   7. *kasse*   *kassa*

3. *stue*   *stua*   8. *historie*   *historia*

4. *Ole*   *Ola*   9. *fele*   *fela*

5. *klokke*   *klokka*   10. *liste*   *lista*

II. AFTER YOU HEAR THE SIGNAL, PRONOUNCE THE WORD:

1. *klokka*   6. *barna*

2. *Anne*   7. *historie*

3. *familie*   8. *boka*

4. *kaka*   9. *kasse*

5. *tavle*   10. *gata*

III. WRITE THE WORD YOU HEAR SPOKEN:

1.   5.

2.   6.

3.   7.

4.   8.

241

/kj/ written as *kj*

kjemi
kjenner
kjøper
kjeller
kjære
kjøtt
kjøleskap

/kj/ written as *tj*

tjue
tjern

/kj/ written as *k + i*

kirke
kiste
kilo

/kj/ written as *k + y*

kysse
kyst

***

/sj/ written as *sj*

sju
sjette
sjokolade
etasje
lunsj /lønsj/
nasjonal

/sj/ written as *skj*

skje
kanskje

/sj/ written as *sk + y*

sky
unnskyld

/sj/ written as *s + l*

slå
slag
slippe
slutt

/sj/ written as *sk + i*

ski
skip
skinke
brødskive

/sj/ written as *j*

journalist

/sj/ written as *r + s*

norsk
først
forstår
spørsmål
vær så god
takk for sist

UTTALE /kj/--/sj/

I. FOR EACH WORD, MARK WHETHER YOU HEAR /KJ/ OR /SJ/:

	/kj/	/sj/
1.	O	O
2.	O	O
3.	O	O
4.	O	O
5.	O	O
6.	O	O

II. AFTER YOU HEAR THE SIGNAL, PRONOUNCE THE WORD:

1. *kjenner*
2. *sju*
3. *ski*
4. *kirke*
5. *kanskje*

6. *forstår*
7. *brødskive*
8. *kjære*
9. *etasje*
10. *kyst*

III. WRITE THE WORD YOU HEAR SPOKEN:

1.

2.

3.

4.

5.

6.

7.

8.

9.

10.

244

UTTALE
/ṭ/--/ḍ/--/ṇ/--/ng/--og konsonantforbindelser

/ṭ/ written as *rt*	/ḍ/ written as *rd*	/ng/ written as *ng*
bort	*fordi*	*mange*
borte	*har du*	*gang*
vært	*er det*	*trenger*
kart		*engelsk*
vårt	/ṇ/ written as *rn*	
førti		/ng/ written as *nt*
snart	*barn*	
	morn	*restaurant*
		interessant

***

/k/ + /n/	/f/ + /j/	/b/ + /j/
Knut	*fjord*	*Bjørn*
kniv	*fjorten*	*bjelle*
kne	*fjøs*	*bjørk*
knær	*i fjor*	*Bjørg*

/s/ + /n/	/s/ + /t/
snakker	*student*
snart	*stemmer*
snill	*staver*
	står

I. AFTER YOU HEAR THE SIGNAL, PRONOUNCE THE WORD:

1. *mange*   6. *førti*

2. *knær*   7. *fordi*

3. *snill*   8. *morn*

4. *stor*   9. *kniv*

5. *barnet*   10. *student*

II. WRITE THE WORD YOU HEAR SPOKEN:

1.

2.

3.

4.

5.

6.

7.

8.

9.

10.

UTTALE
"stumme" konsonanter, _gi_ og _gy_

This exercise deals with "silent" consonants and _g_ pronounced as /j/.

silent _d_	silent _t_	silent _g_	silent _v_
god	det	og	tolv
ved	barnet	også	tolvte
med	vinduet	viktig	halv
unnskyld	universitetet	deilige	selv
land		drog	gav
alltid		selger	

Some of the consonants listed above may be pronounced when the words are emphasized or are given a "reading pronunciation."

_hv_ pronounced as /v/	_hj_ pronounced as /j/	_gj_ pronounced as /j/
hvor	hjem	gjøre
hva	hjemme	gjort
hvem	hjelpe	igjen
hver	hjulpet	gjennom
hvile	hjerte	gjerne

_g_ pronounced as /j/ when followed by _i_	_g_ pronounced as /j/ when followed by _y_
gi	begynne
gikk	gynge
gift	

247

I. IN EACH WORD, UNDERLINE THE CONSONANTS WHICH ARE NOT PRONOUNCED:

1. *det*

2. *landet*

3. *alltid*

4. *hjalp*

5. *gjorde*

6. *dårlig*

7. *hvordan*

8. *tolv*

9. *imponerende*

10. *stod*

II. AFTER YOU HEAR THE SIGNAL, PRONOUNCE THE WORD:

1. *dårlige*

2. *hvilket*

3. *det*

4. *tolv*

5. *hjelpe*

6. *gjerne*

7. *gitt*

8. *gav*

9. *teppet*

10. *begynner*

III. WRITE THE WORD YOU HEAR SPOKEN:

1.

2.

3.

4.

5.

6.

7.

8.

9.

10.

UTTALE   trykk og tonemer

WORD STRESS

Generally, Norwegian words without prefixes are stressed on
the first syllable. (The vowel in the stressed syllable is
underlined below.)

   heter, kommer, leser, ikke, likeså, bare, femten

But many words, including some borrowed words, are stressed
on other syllables:

   elev, student, Amerika, biologi, kjemi, historie, fabrikk,

   familie, universitet, avis, papir, ekspeditør, entré.

So, for every new word you learn, you should also learn how
it is stressed.

All verbs ending in -ere in the infinitive, stress the next
to the last syllable:

   presentere, studere, invitere.

Frequently, although not always, prefixes on words are un-
stressed:

   forstå, fortelle, besøke, tilbake, begynne.

It will also be helpful to know that endings on words usual-
ly do not change the stressed syllable:

   et værelse, værelset, værelser, værelsene

   å besøke, besøker, besøkte, besøkt

   gammel, gammelt, gamle

   sein, seinere, seineste

WORD TONES

Each stressed word in a Norwegian sentence is said to have a
tone. There are two distinct tonal patterns. In some word
pairs, these patterns are the only differences in pronunci-
ation.

These tones are associated with a word's stressed syllable.
Tone 1 has a rising pitch on the stressed syllable. Tone 2
has a falling pitch on the stressed syllable and a rising
pitch on the following syllable(s):

TONE 1	TONE 2
huset	penger
linjal	kjøper
kaffe	snakker
gutten	gjøre
bøker	vinduene

249

I. UNDERLINE THE VOWEL OR DIPHTHONG IN THE SYLLABLE WHICH
   IS STRESSED:

1. *Jorunn*   6. *videre*

2. *kunne*   7. *papir*

3. *arbeider*   8. *linjal*

4. *imponerende*   9. *fordi*

5. *tennene*   10. *restaurant*

II. AFTER YOU HEAR THE SIGNAL, PRONOUNCE THE FOLLOWING
    WORDS:

1. *elev*   7. *fotograferer*

2. *elevene*   8. *videre*

3. *fabrikk*   9. *familiene*

4. *universitetet*   10. *vinduer*

5. *forstår*   11. *værelsene*

6. *student*   12. *begynner*

III. IS TONE 1 OR TONE 2 USED WITH EACH WORD?

	TONE 1	TONE 2
1. *pike*	0	0
2. *veggene*	0	0
3. *klokka*	0	0
4. *hjemmet*	0	0
5. *hjemme*	0	0
6. *spørre*	0	0
7. *bonde*	0	0
8. *bønder*	0	0

INTRODUCTION

The following pages include suggested answers to most of the written exercises in the workbook, and a complete transcript for the oral exercises, dictations, and listening comprehensions recorded on the audio tapes.

Here are several suggestions for using the workbook and audio tapes:

1. Teachers can be selective in assigning exercises from the workbook.

2. Many exercises review material covered in previous chapters. Frequently, the review is to prepare students to use this material in a newly introduced way (e.g. identifying the subject of a sentence before introducing reflexive pronouns and possessives, and sentence inversion).

3. The twelve topical review chapters may be read at any time. (Their placement between chapters merely suggests a convenient time to review the specific concept.) The self-correcting exercises can serve as a pre-test, to see if an individual needs to review the preceding material. Students might be urged not to tear out these grammar reviews, so that they can be consulted later whenever a relevant question arises. Students should be reminded that many of the explanations in these chapters are very mechanical (adding or subtracting letters, moving words, etc.). This "cook-book" approach may appeal to some students, however is is probably more desirable for students to acquire an "internal" understanding of these paradigms, irregular forms, and grammatical patterns.

4. The audio tapes are divided into two groups:

   A. tapes which correspond to the textbook's chapters (1-28)
   B. tapes which deal with aspects of pronunciation

   A. The chapter-by-chapter tapes could profitably be listened to several times during the coverage of a chapter. The passages recorded from the text will be a valuable tool for pronunciation and oral comprehension. The exercises force the students to actively use new patterns presented in the chapter. Teachers may want to use (or revise) the transcripts in the classroom -- either with the whole class giving the response or as material for small group practice.

   B. The pronunciation tapes can be listened to at any time. It might be helpful, however, for the teacher to present unfamiliar words to the class before assigning a tape. The tapes are short enough to listen to several times in one sitting, if desired. Students who have difficulty with a particular aspect of pronunciation can be referred to the relevant tape.

I would like to thank the following people for their help in recording these audio tapes:
Sigrid Brevik, Kari Ellen Gade, Hans Rognstad, and Arve Solumsmo. John Godfrey of the University of Minnesota Media Resources was the able and good-natured recording technician.

FØRSTE KAPITTEL

I. 1. Jeg heter _____. 2. Ja, jeg er fra Amerika./ Nei, jeg er ikke
fra Amerika. 3. Ja, jeg er fra Norge./ Nei, jeg er ikke fra Norge.
4. Familien min er fra Amerika/Norge/... . 5. Nei, jeg heter ikke Jens./
Ja, jeg heter Jens. 6. Nei, jeg heter ikke Anne. / Ja, jeg heter Anne.
7. Jeg har det bra (takk).

II. 1. Heter du Hans? 2. Heter hun Kari? 3. Heter jeg Hans?
4. Er Kari fra Norge? 5. Er familien din fra Amerika?

III. 1. Du heter ikke Jens. 2. Han er ikke fra Norge. 3. Familien
din er ikke fra Amerika. 4. Hun heter ikke Kari.

IV. 1. Han er ikke fra Amerika. 2. Er han fra Norge? 3. Hvordan har
hun det?

ANNET KAPITTEL

I. 1. Jeg har det bra (takk). 2. Nei, jeg heter ikke Jorunn. 3. Nei,
Hansen/ han er ikke elev. / Nei, han er lærer. 4. Ja, han forstår
norsk. 5. Ja, jeg er student. / Nei, jeg er ikke student. 6. Nei, jeg
er ikke fra Bergen. / Ja, jeg er fra Bergen. 7. Ja, jeg snakker
engelsk. / Nei, jeg snakker ikke engelsk.

II. 1. Nei, Svein / han er ikke lærer. 2. Nei, Jorunn / hun snakker
ikke norsk. 3. Nei, det stemmer ikke. 4. Nei, du er ikke fra Oslo.
5. Nei, Kari / hun forstår ikke engelsk. 6. Nei, jeg er ikke lærer.

III. God dag! Er du student? ... Er du lærer? ... Nei, jeg er ikke
fra Norge. / Nei, jeg er fra Amerika. Hvor er du fra? ... Ja, jeg
snakker litt norsk. / Nei, jeg snakker ikke norsk. ... Likeså. Ha
det bra.

TREDJE KAPITTEL

I. 1. en jobb 2. et universitet 3. en fabrikk 4. en skole 5. en
gang 6. et kontor

II. 1. Ja, jeg har en jobb. 2. Nei, Kari / hun sover ikke. 3. Ja,
Anne / hun forstår engelsk. 4. Ja, Jens / han arbeider på en skole.
5. Lærer Hansen / han arbeider på en skole. 6. Jeg studerer norsk nå.

III. 1. å være 2. Er 3. var 4. Har ... vært

IV. 1. ved 2. på 3. i 4. og 5. på 6. å 7. til 8. Hvordan...
takk

V. 4 fire, 8 åtte, 11 elleve, 12 tolv, 14 fjorten, 16 seksten, 18 atten,
20 tjue, 27 tjuesju, 39 trettini, 45 førtifem, 51 femtien,
63 sekstitre, 72 syttito, 86 åttiseks, 98 nittiåtte, 104 hundre og
fire

FJERDE KAPITTEL

I.1.Ja, jeg har skrivepapir. / Nei, jeg har ikke skrivepapir.
2. Ja, jeg trenger en penn. / Nei, jeg trenger ikke en penn. 3. En
linjal koster en krone og sekstifem øre / ...   4. Ja, jeg kjøper
en avis. / Nei, jeg kjøper ikke en avis. 5. Ja, jeg arbeider på et
kontor. / Nei, jeg arbeider ikke på et kontor. 6. Jeg studerer ved
universitetet i ... 7. Ja, jeg har et spørsmål. / Nei, jeg har ikke et
spørsmål.

II. 1. Ja, her er viskelæret. 2. Ja, her er avisen. 3. Ja, her er
skrivepapiret. 4. Ja, her er blyanten. 5. Ja, her er linjalen.

III. 1. Hansen er ikke ekspeditør. 2. Vi har ikke kroner og øre i
Amerika. 3. Jorunn liker ikke å være elev.4.Jeg har ikke mange penger.
Han kjøper ikke et viskelær. 6. Anne og Ole studerer ikke ved et
universitet. 7. Læreren har ikke vært i Oslo.

IV. 1. Er han lærer? 2. Hvor har familien din vært? 3. Kjøper han
en avis? 4. Hvordan staver vi 'fabrikk'? 5. Liker jeg å være på
skolen? 6. Hvor gammel er du? 7. Var hun i en butikk?

V.

	1.	U	N	I	V	E	R	S	I	T	E	T
	2.	F	E	M	T	I	F	I	R	E		
	3.	N	O	R	S	K						
	4.	B	U	T	I	K	K	E	N			
	5.	G	A	M	M	E	L					
6.	S	P	Ø	R	S	M	Å	L	E	T		
	7.	L	Æ	R	E	R						
	8.	V	Æ	R	E							
	9.	M	Y	E								
10.	S	E	K	S	T	E	N					

FEMTE KAPITTEL

I. 1. Jeg har mange penner. 2. mange vinduer 3. mange stoler
4. mange blyanter 5. mange pulter 6. mange linjaler 7. mange værelser.

II. 1. Trenger du bare ett bilde? 2. bare én penn 3. bare én linjal
4. bare én stol 5. bare ei klokke 6. bare ett vindu?

III. 1. Vi ser ikke studentene her. 2. Vi ser ikke bildene her.
3. avisene 4. klasseværelsene 5. elevene 6. vinduene 7. pikene

IV. 1. Hvor er klokka? 2. Hvor er læreren? 3. boka 4. vinduet
5. jenta 6. døra 7. tavla

2

V. 1. Liker du å være i Norge? 2. Hadde du boka i går? 3. Heter han ikke Hansen? 4. Er han lærer her / der ? 5. Har du ikke vært i Oslo før? 6. Hvor var boka i går? 7. Hva skriver han med? 8. Hva koster alt dette? / Hvor mye blir alt dette?

VI.1.Men du er ikke i klasseværelset i dag. 2. Men bildene var ikke på veggen i går. 3. Men jeg er ikke på kontor i dag. 4. Men han hadde ikke noen penger i går. 5. Men familien din er ikke i Bergen i dag.

VII. 1. har vært 2. å ha 3. Har ... hatt 4. har ... vært 5. å være

VIII. 1. ei jente 2. et tak 3. et lys 4. en vegg 5. ei dør 6. et vindu 7. et taklys 8. ei tavle 9. en familie 10. et klasse-værelse

SJETTE KAPITTEL

I. 1. Var 2. har hatt 3. å ha 4. Har / hadde 5. Har ... vært 6. å være

II. 1. Nei, det er bare én linjal her. 2. Nei, det er bare én stol her. 3. bare ett bilde 4. bare ei klokke 5. bare ett bord 6. bare ei jente 7. bare ett værelse 8. bare ett hus

III. 1. et bord--bord--bordet--bordene 2. en fabrikk--fabrikker-- fabrikken--fabrikkene 3. ei jente--jenter--jenta--jentene 4. ei bok--bøker--boka--bøkene 5. en time--timer--timen--timene 6. et bilde--bilder--bildet--bildene 7. et taklys--taklys--taklyset-- taklysene 8. ei dør--dører--døra--dørene 9. en mann--menn--mannen-- mennene 10. et frimerke--frimerker--frimerket--frimerkene 11. et tak-- tak--taket--takene

IV. 1. Hun ... ham 2. du ... henne 3. hun ... deg 4. Hun ... henne 5. Vi ... dere 6. De ... dem 7. deg 8. dem

V. 1. å snakke 2. å banke 3. å skrive 4. å ha 5. å være 6. å lese

VI.

SJUENDE KAPITTEL

I. 1. jeg 2. deg 3. han henne
    1. vi 2. dere 3. de

II. 1. til 2. i ... i 3. å ... til 4. på 5. til ... i 6. på
7. i 8. til 9. fra

III. 1. deg 2. du 3. du 4. deg 5. du 6. deg

IV. 1. seg 2. oss 3. dere 4. deg 5. meg 6. seg 7. seg 8. seg
9. deg 10. dere

V. 1. å ligge 2. legger 3. legger 4. ligger 5. å legge 6. ligger
7. legger

VI. 1. vet ... kjenner 2. vet 3. kjenner 4. vet 5. kjenner
6. kjenner

VII. 1. Nei, Svein / han liker seg ikke på skolen. 2. Nei, jeg liker
meg ikke hjemme. 3. Nei, dere liker dere ikke ute. / Nei, vi liker oss
ikke ute. 4. Nei, Ingrid / hun har ikke sett seg i speilet. 5. Nei,
du liker deg ikke bedre på kontoret. 6. Nei, vi legger oss ikke klokka
ti. 7. Nei, Jorunn / hun liker ikke å se på bildene. 8. Nei, Pål / han
liker ikke å være i Norge.

VIII. 1. Nei, hun liker det ikke. 2. Ja, han ligger på den. 3. Nei, de
ser ikke på dem. 4. Ja, han har sett henne i dag. 5. Nei, han hadde
den ikke i går. 6. Ja, hun sitter på den. 7. Nei, de liker ikke å
reise.

IX. God dag! Hva heter du? ... Er du ikke student? ... Når pleier
du å legge deg? ... Kjenner du Jorunn? ... Jeg vet ikke hvor hun bor. ...
Klokka er ti. ... Takk for nå. Ha det.

ÅTTENDE KAPITTEL

I. 1. Det ... Den 2. Det ... Det 3. Det ... De 4. Det ... Den
5. det 6. de 7. dem

II. 1. Har ... vært 2. å legge deg 3. Leser 4. hadde 5. så
6. å skrive 7. gjør 8. lærer å snakke

III. 1. Nei, jeg skal kjøpe den i morgen. 2. Nei, jeg skal gjøre dette
i morgen. 3. Nei, jeg skal studere norsk i morgen. 4. Nei, jeg skal
sove i morgen.

IV. 1. Jeg vil også pusse tennene. 2. Jeg vil også arbeide på fabrikk.
3. Jeg vil også banke på døra. 4. Jeg vil også være hjemme hos Liv.

V. 1. Vi kan ikke gå på skole. 2. Dere må kjøpe avisene! 3. Vi kan
ikke legge oss. 4. Dere må stå der borte! 5. Vi kan ikke telle videre.

VI. 1. Ja, jeg drikker kaffe nå. 2. Ja, jeg skriver på norsk nå.
3. Ja, jeg legger meg nå. 4. Ja, jeg ser meg i speilet nå. 5. Ja, jeg
er her på skolen nå. 6. Ja, jeg gjør dette nå. 7. Ja, jeg spør deg nå.

VII. 1. noen 2. noe 3. noen 4. noe 5. Noen 6. noe 7. noen

4

NIENDE KAPITTEL

I. 1. Aud vil studere kjemi. 2. Astrid liker å lese mange bøker.
3. Egil kan ikke forstå Turid. 4. Åse trenger å være i Norge nå.
5. Skal Odd gjøre dette? 6. Må Bjørg hilse på damen? 7. Gutten lærer
å snakke norsk. 8. Elevene vil se på klokka.

II. 1. La henne lese dette! 2. La oss spise! 3. La ham gå! 4. La dem
legge seg! 5. La meg stoppe her!

III. 1. Bor 2. spiste 3. sitte 4. Har ... vært 5. så 6. hadde
7. spør 8. legge meg 9. Har ... sett 10. Var

IV. 1. Han har ikke sett deg i dag. 2. Jeg 3. Vi ... henne 4. De ...
seg 5. Hun ... seg 6. du ... ham 7. Det 8. du

V. 1. Læreren kan ikke finne finne bøkene hans. 2. Læreren kan ikke finne
kjøleskapet mitt. 3. Læreren kan ikke finne tavla hennes. 4. Læreren
kan ikke finne glassene hans. 5. Læreren kan ikke finne døra mi.
6. Læreren kan ikke finne brevene dine. 7. Læreren kan ikke finne
blyanten min. 8. Læreren kan ikke finne fjernsynet hennes

VI. 1. Skrivebordet deres er imponerende. 2. Fabrikken deres ...
3. Boka vår ... 4. Huset deres ... 5. Husene deres ... 6. Møblene våre
... 7. Kaffebordet vårt ...

VII. 1. Ja, her er blyantene hans. 2. Ja, her er fjernsynet deres.
3. ...platespilleren hennes. 4. ... tavla hans. 5. ... fisken hennes.
6. ... huset hans.

VIII. 1. S: Jeg, V: så. 2. S: Nordmenn, V: pleier. 3. S: Jorunn og
Turid, V: kommer. 4. S: Han, V: sukker, ser, arbeider. 5. S: Åse, V: har
6. S: hun, V: Forstår. 7. S: vi, V: Skal. 8. S: Vi, V: må.

IX. 1. Til middag spiste vi fisk og poteter i går kveld. 2. I går kveld
spiste vi fisk og poteter til middag. 3. Spiste vi fisk og poteter til
middag i går kveld? 4. "Takk for maten" pleier nordmenn å si etter et
måltid. 5. Etter et måltid pleier nordmenn å si "Takk for maten."
6. Pleier nordmenn å si "Takk for maten" etter et måltid? 7. Nå vil dere
ikke gjøre dette her. 8. Dette vil dere ikke gjøre her nå. 9. Her vil
dere ikke gjøre dette nå. 10. Vil dere ikke gjøre dette her nå?
11. Hos oss legger vi oss ved elleve-tiden. 12. Ved elleve-tiden legger
vi oss hos oss. 13. Legger vi oss ved elleve-tiden hos oss?

TIENDE KAPITTEL

I. 1. et par. 2. ei brødskive 3. en by 4. et værelse 5. ei seng
6. et frimerke 7. en dame 8. ei jente 9. en pike 10. et vindu
11. ei dør

II. 1. mor ... far 2. brødre ... søstre 3. besteforeldre 4. mormoren
... morfaren 5. sønner ... døtre 6. kusiner ... fettere (or reverse
order for all of these)

5

III. 1. en far - faren - fedre - fedrene 2. en mor - moren - mødre - mødrene 3. en datter - datteren - døtre - døtrene 4. en tante - tanten - tanter - tantene 5. en onkel - onkelen - onkler - onklene 6. en fetter - fetteren - fettere - fetterne 7. en niese - niesen - nieser - niesene 8. en nevø - nevøen - nevøer - nevøene 9. en bror - broren - brødre - brødrene 10. et barn - barnet - barn - barna 11. -- -- søsken - søsknene 12. -- -- foreldre - foreldrene

IV. 1. Han har ikke sett henne før. 2. Familien deres vil kjøpe huset hennes. 3. Hun må snakke med læreren hans. 4. Bestefaren hennes liker ham ikke. 5. Har fetterne deres vært hjemme hos henne? 6. De må skrive et brev til dem. 7. Hun kjenner dem ikke.

V.

```
 1. D R I K K E
 2.   T J E N E R
 3.   S M Ø R B R Ø D
 4. B A D E K A R
 5.   V A S K
 6. B E S T E F E D R E N E
 7.   V E N S T R E
 8.     B R A
 9.   F R O K O S T
10. S Ø S K E N B A R N A
11.   M I D D A G
```

ELLEVTE KAPITTEL

I. 1. Morfaren hennes er gift med mormoren hennes. 2. Tanten deres / vår er søsteren til faren deres/ vår. 3. Søsknene mine er barna til forelderne mine. 4. Fetterne dine er sønnene til tantene og onklene dine. 5. Farfaren vår / deres er faren til faren vår / deres. 6. Barna til barna til Åse og Pål er barnebarna deres.

II. 1. Du legger deg alltid klokka elleve. 2. Mette legger seg ... 3. Dere legger dere ... 4. De legger seg ... 5. Vi legger oss ...

III. 1. Nå føler han seg hjemme.   2. Nå føler vi oss hjemme. 3. Nå føler hun seg hjemme.   4. Nå føler de seg hjemme.   5. Nå føler dere dere hjemme.   6. Nå føler du deg hjemme.

IV. 1. Se på bøkene nå! 2. Spør læreren nå! 3. Spis smørbrødet nå! 4. Si ordene nå! 5. Lag frokost nå! 6. Bruk tavla nå! 7. Vær på skolen nå!

V. 1. presentere 2. sov 3. vet 4. å besøke 5. behandle 6. snakk ... sovner 7. vokser 8. Puss ... legger deg 9. Har ... vært 10. føler seg 11. Får ... sove 12. lever

VI. 1. I 2. på ... på 3. ved 4. på ... i 5. ved 6. til ... på 7. hos 8. til 9. til 10. i 11. i ... til 12. for 13. på

TOLVTE KAPITTEL

I. 1. S: Familien hennes, V: liker. 2. S: Lisbet og Gunnar, V: dyrker. 3. S: korn, V: pleier. 4. S: Læreren til Gro, V: må. 5. S: du, V: Har. 6. S: Det, V: er. 7. S: vi, V: pleier. 8. S: Siri, V: Sover. 9. S: Familien Roe, V: så. 10. S: Bøker, V: interesserer.

II. 1. Hvor er traktoren hennes? 2. Hvor er døra deres / vår ? 3. Hvor er bildene dine? 4. Hvor er egget vårt? 5. Hvor er skrivepapiret mitt? 6. Hvor er søsknene deres? 7. Hvor er linjalen hennes? 8. Hvor er avisen deres? 9. Hvor er skjeen hans? 10. Hvor er huset hennes?

III. 1. dem 2. oss 3. henne 4. dere 5. deg 6. henne ...henne 7. seg ... seg 8. dem

IV. 1. Jens, bor brødrene dine i utlandet? 2. Hans, bor søstrene hans i Danmark? 3. Har du sett stabburet deres? 4. Lærer Hansen ser på avisen sin. 5. Læreren hennes må snakke med foreldrene hennes. 6. Kåre og datteren hans er på besøk hos Kari og sønnen hennes. 7. Kan Siri og Lars finne pengene sine? 8. Familien hans ringer til Erik i morgen. 9. Det er soveværelset hennes.

V. 1. spiste 2. å sove 3. sett 4. sier 5. vært 6. Stav 7. besøkte

VI. 1. elleve - ellevte 2. seks - sjette 3. atten - attende 4. tjuetre - tjuetredje 5. trettien - trettiførste 6. nittito - nittiannet 7. sekstifire - sekstifjerde 8. åttiåtte - åttiåttende 9. seksten - sekstende 10. tjue - tjuende

VII. 1. Krogstad kjenner ekteparet Bakke. 2. Torhild og jeg er på besøk hos søsteren hennes. 3. Vi besøker henne. 4. Krogstad vet at Bakke er bonde. 5. Dere skal reise til både Sverige og Danmark. 6. Hva slags grønnsaker vokser her? 7. Begge jentene leser bøkene sine. 8. Slektningene mine så seg omkring i byen. 9. Hvor mye koster alt dette? 10. Skal vi vekke deg ved 6-tiden? 11. Har du hatt noe å drikke? 12. Hvorfor ligger bøkene våre på golvet?

TRETTENDE KAPITTEL
I.
1. et menneske - mennesker 2. et barnebarn - barnebarn 3. en søster - søstre 4. en bonde - bønder 5. en onkel - onkler 6. en kusine - kusiner 7. en fetter - fettere 8. en datter - døtre 9. en sønn - sønner 10. en far - fedre 11. et ord - ord 12. ei klokke - klokker 13. en skje - skjeer 14. en fabrikk - fabrikker 15. et værelse - værelser 16. et skrivebord - skrivebord 17. en kelner - kelnere 18. ei kone - koner

II. 1. et barn - barnet - barn - barna 2. en lærer - læreren - lærere - lærerne 3. ei seng - senga - senger - sengene 4. et år - året - år - årene 5. en nordmann - nordmannen - nordmenn - nordmennene 6. et program - programmet - programmer - programmene 7. et museum - museet - museer - museene 8. ei dør - døra - dører - dørene 9. et teater - teatret - teatre - teatrene 10. et hotell - hotellet - hoteller - hotellene 11. en ting - tingen - ting - tingene

III. 1. Hva spiste dere til frokost? 2. Hvordan sov du? 3. Hvor bor Jens? 4. Hvor gammel er Sonja? 5. Hvem vil du presentere for meg. 6. Hva slags bøker leser Solveig. 7. Hvilken hånd holder han gaffelen i?

IV. 1. Store museer besøker vi også. 2. Interessante ting ser vi også på. 3. Dyre kjøkkenbord bruker vi også. 4. Fine penner har vi også. 5. Fulle hoteller bor vi også på. 6. Høye bygninger tar vi også bilder av. 7. Fine statuer av Karl Johan lager vi også.

V. 1. Jeg ser på bare én moderne bygning. 2. Jeg leser bare ei lang bok. 3. Jeg spiser bare én saftig appelsin. 4. Jeg kjenner bare ett hyggelig sted. 5. Jeg gjør bare én imponerende ting. 6. Jeg kjøper bare ett nytt kjøleskap. Jeg går i bare ett norsk teater.

VI. possible answers: 1. stort ... dyrt 2. røde ... deilige 3. fargerik 4. norsk ... populært 5. fine ... fulle 6. interessante 7. høy ... grønn

VII. (Some of the words are:) vannrett: fetter, fettere, rimelig, rimelige, ei, se, ser, reis, reise, reiser, mi, middag, dag, bok, dagbok, bo, lev, ku, en, stelle, telle, kjente, jente, at, tid, år, fjøs, spør, spørre, er, ta, tar
loddrett: om, ring, omkring, saft, vi, det, ja, ved, dør, ta, takk, lys, taklys, gul, gult, ro, jo, ikke, seinere, sein, ost, tå, rød, røde, der, dere, deres

FJORTENDE KAPITTEL

I. 1. ei norsk bok, en norsk student, et norsk smørbrød, noen norske slektninger 2. noen nye statuer, en ny park, et nytt teater, ei ny tavle. 3. et billig fjernsyn, noen billige møbler, ei billig seng, en billig linjal 4. en grønn plante, ei grønn pære, noen grønne klær, et grønt teppe 5. noen kjente skuespill, et kjent sted, en kjent kvinne, ei kjent dagbok 6. ei moderne spisestue, et moderne lys, en moderne platespiller, noen moderne bilder

II. 1. Nei, men jeg går ned nå. 2. Nei, men jeg går opp nå. 3. Nei, men jeg går ut nå. 4. Nei, men jeg går hjem nå. 5. Nei, men jeg går inn nå. 6. Nei, men jeg går bort nå. 7. Nei, men jeg går dit inn nå. 8. Nei, men jeg går dit bort nå. 9. Nei, men jeg går dit ned nå. 10. Nei, men jeg går dit ut nå.

III. 1. Arbeider du der inne. 2. her oppe 3. bort 4. hjem 5. her ute 6. her nede 7. der borte 8. hit 9. Der 10. hjemme 11. der 12. inn

IV. Vi hadde det hyggelig. Vi tok båten ut til Bygdøy og så oss omkring litt. Ute på Bygdøy var det mange mennesker og noen sa at alle restaurantene var fulle. Vi sa at vi var sultne, men vi gikk til Vikingskipmuseet for å se skipene. Vi besøkte også noen andre museer. Vi kom hjem seinere, spiste god mat og sov bra.

FEMTENDE KAPITTEL

I. 1. ei trøtt ku, et trøtt menneske, noen trøtte gutter, en trøtt kelner 2. noen morsomme opplevelser, ei morsom jente, en morsom kveld, et morsomt besøk 3. en liten by, noen små teatre, et lite slott, ei lita halvøy 4. noen viktige kvinner, et viktig måltid, ei viktig stue, en viktig gris 5. ei gammel dagbok, en gammel nevø, et gammelt universitet, noen gamle møbler 6. en norsk bunad, ei norsk øy, noen norske lærere, et norsk tre 7. en annen kafé, et annet teater, ei anna brødskive, noen andre bønder 8. en sulten hund, noen sultne katter, ei sulten ku, et sultent dyr 9. et nytt år, noen nye bøker, en ny pult, ei ny dør 10. en interessant jobb, ei interessant kone, noen interessante dansere, et interessant museum

II. 1. Hvor ligger Nationaltheatret? 2. legge 3. sitter 4. legge 5. setter

III. 1. Hun legger avisen på skrivebordet. 2. Jeg setter meg ved kaffebordet. 3. Åse sitter ved kjøkkenbordet.

IV. 1. Jeg har tatt bussen dit opp før. 2. Gjestene hans har kommet på besøk før. 3. Du har ikke vært ute på Bygdøy før. 4. Tor og Tore har ikke spist grønnsakene sine før. 5. De har ikke besøkt henne før. 6. Turistene har ikke gått hele veien opp til toppen før. 7. De har dessverre ikke kommet ned før.

V. 1. for 2. i 3. av 4. på 5. på ... på 6. til ... for 7. på 8. til 9. på 10. av 11. på 12. i

 VI.

9

SEKSTENDE KAPITTEL

I. 1. Det er et godt, men lite eple. 2. Det er gode, men små klær.
3. Det er en god, men liten kommode. 4. Det er et godt, men lite bilde.
5. Det er ei god, men lita bok. 6. Det er gode, men små veggmalerier.

II. 1. Jeg ser den røde lampa. 2. Jeg ser det fine skipet. 3. Jeg ser
de trøtte barna. 4. Jeg ser de nye bøkene. 5. Jeg ser det pene bildet.
6. Jeg ser den fulle kafeen.

III. 1. Alle fiskerne er sultne. 2. Alle dagene er grå. 3. Alle
bergenserne er morsomme. 4. Alle hotellene er dyre. 5. Alle skipene
er gamle. 6. Alle gatene er vakre. 7. Alle bøkene er interessante.

IV. 1. T.V.-stua er ikke lita. 2. Vi reiser ikke med det lille toget.
3. Vi ville ikke kjøpe en liten fabrikk. 4. Vi så ikke den lille parken
og de små kafeene. 5. Hun spiste ikke et lite eple.

V. Jeg måtte fortelle deg det! Jeg så noe morsomt der borte. Det var
et stort vikingskip som jeg ville se litt bedre på. Det hadde et rart
dragehode og så ut som et stort gammelt dyr. Jeg gikk opp til skipet.
Det stod en gammel mann ved skipet, og han sa at bestemoren hans var der
inne. Han fikk ikke snakke med henne. Jeg hadde lyst til å gå, men
jeg tok allikevel et bilde. Ville bestemoren til den gamle mannen komme
ut? Spiste hun og sov hun inne i skipet? Skrev hun ei lang bok, kanskje?

VI. 1. Hvor er bøkene hennes? 2. Hvor er båten vår? 3. Hvor er
dragehodet til Ingrid? 4. Hvor er huset deres?

VIII. 1. Ja, det er meget grønt. 3. Ja, den er meget rar. 4. Ja, det
er meget høyt. 5. Ja, den er meget vakker. 6. Ja, det er meget gammelt.

IX. 1. Det er avisen hennes. Det er den norske avisen hennes. 2. Det er
radioene våre. Det er de dyre radioene våre. 3. Det er linjalen hans.
Det er den lange linjalen hans. 4. Det er gården til Olsen. Det er den
lille gården til Olsen.

SYTTENDE KAPITTEL

I. 1. Må jeg sove? - Jeg sov i går. 2. Spis det! - Jeg spiste det i går.
3. Se på dem! - Må jeg se på dem? 4. Må jeg besøke farfar? - Jeg besøkte
farfar i går. 5. Bestill det! - Jeg bestilte det i går. 6. Gå dit! -
Må jeg gå dit? 7. Må jeg skrive leksene? - Jeg skrev leksene i går.
8. Stå der! - Jeg stod der i går. 9. Ta dem dit! - Må jeg ta dem dit?

II. 1. Sa du at det var hennes lampe? 2. Sa du at det var lærerens store
egg? 3. Sa du at det var ditt fargerike flagg? 4. Sa du at det var
vårt sted? 5. Sa du at det var vår vakre bunad? 6. Sa du at det var
mine epler?

III. 1. d 2. c 3. b 4. c. 5. d 6. a

ANSWERS

IV. 1. Selger de fisken på torget? 2. Hun må reise bort. 3. Dere
forsyner dere av vinen. 4. Sover du godt? 5. Olav begynner allerede
klokka fem. 6. De setter seg ved kjøkkenbordet. 7. Nordmannen vil
skynde seg hjem. 8. "Vet du hvorfor du gjør det?" spør faren.

V. 1. både 2. som 3. i 4. i år. 5. på 6. ute 7. når 8. så 9. om
10. i morges. 11. hele 12. ganger

ATTENDE KAPITTEL

I. 1. Dere gikk lange turer i Nordmarka. 2. Vi sang hele tiden.
3. Solgte hun alle bøkene sine? 4. Hvorfor gjorde han så mye?
5. Olsen visste det ikke. 6. Det ble kaldt på tirsdag. 7. De drakk
litt øl og spiste pølser. 8. Tok du kartet med deg?

II. 1. å si -- sier -- sa -- sagt
       å se -- ser -- så -- sett

   2. å gå -- går -- gikk -- gått
      å gi -- gir -- gav -- gitt

   3. å vite -- vet -- visste -- visst
      å vise -- viser -- viste -- vist

   4. å være -- er -- var -- vært
      å vare -- varer -- varte -- vart

III. 1. Men har du ikke allerede blitt lærer? 2. Men har du ikke
allerede sunget sanger? 3. Men har du ikke allerede drukket vinen?
4. Men har du ikke allerede begynt å lese boka. 5. Men har du ikke
allerede gjort det? 6. Men har du ikke allerede spurt ham? 7. Men
har du ikke allerede reist deg fra bordet?

IV. 1. Ja, han har sin egen lenestol. 2. Ja, vi har våre egne flagg.
3. Ja, du har ditt eget sted å bo. 4. Ja de har sin egen gård.
5. Ja, dere har deres egne ski. 6. Ja, Øyvind har si /sin egen klokke.
7. Ja, barna har sitt eget hus.

V. 1. å bo III 2. å servere I 3. å vente II 4. å eie IV 5. å dekke II
6. å føle I 7. å bruke I 8. å banke II 9. å prøve IV 10. å reise I

VI. 1. om 2. for ... siden 3. i

NITTENDE KAPITTEL

I. 1. et høyt tårn 2. et lite universitet 3. et deilig eple
4. et nytt bibliotek 5. et gammelt vikingskip 6. et svensk flagg
7. et moderne program 8. et flott tre 9. et godt museum

II. 1. Men du hadde allerede kjøpt dyre bøker. 2. Men du hadde allerede
blitt berømt. 3. Men du hadde allerede stått på slottet. 4. Men
du hadde allerede dratt til Norge.

11

III. 1. Han danset ofte. 2. Han gikk ofte. 3. Han drog ofte til Sverige. 4. Han drakk ofte. 5. Han gjorde ofte reint. 6. Han stod ofte ute. 7. Han tok ofte trikk.

IV. 1. adj: nye, adv: godt. 2. adj: Gamle, adv: ofte. 3. adj: gule, adv: deilig. 4. adj: grønne, saftige, adv: -- .5. adj: --, adv: ute, lenge. 6. adj: moderne, adv: stille. 7. adj: --, adv: tidlig, seint. 8. adj: ny, flott, adv: -- . 9. adj: fantastiske, adv: dårlig, flott 10. adj: dyrt, adv: moderne

V. 1. Hun fortalte den dårlig. 2. Hun fortalte den morsomt. 3. Hun fortalte den flott. 4. Hun fortalte den godt. 5. Hun fortalte den pent.

VI. 1. tidlig 2. inne, 3. før/ først 4. dårlig 5. alltid 6. lite 7. svakt 8. vanskelig 9. litt 10. opp 11. langt (distance) / lenge (time) 12. varmt

VII. possible adverbs: 1. fort 2. seint 3. tidlig 4. flott 5. hyggelig 6. dårlig 7. imponerende 8. aldri 9. svært 10. for

TJUENDE KAPITTEL

I. 1. Det koster tre kroner flaska. 2. Det koster tre kroner koppen. 3. Det koster tre kroner stykket.   4. Det koster tre kroner boksen.

II. 1. ikke noe 2. ingen 3. ingen 4. ikke noe 5. ingen 6. ikke noe 7. ingen 8. ikke noe 9. ingen 10. ikke noe

III. 1. disse bøkene - de bøkene 2. denne flaska - den flaska 3. disse klokkene - de klokkene 4. dette flagget - det flagget 5. denne bilen - den bilen

IV. 1. Ja, de bøkene er morsomme. 2. Ja, dette biblioteket er enormt. 3. Ja, disse husene er hvite. 4. Ja, den låven er gammel. 5. Ja, denne graven er viktig. 6. Ja, disse blomstene er fargerike. 7. Ja, den øya er grønn.   8. Ja, dette mennesket er sterkt.

V. 1. Det eplet er rødt, men dette eplet er rødere. 2. De menneskene er sunne, men disse menneskene er sunnere. 3. Den klokka er rimelig, men denne klokka er rimeligere. 4. Den utsikten er klar, men denne utsikten er klarere. 5. De trærne er gode, men disse trærne er bedre. 6. Det barnet er trøtt, men dette barnet er trøttere. 7. Den jenta er sulten, men denne jenta er sultnere.

VI. 1. Eriks båt er finere. Ingrids båt er den fineste. 2. Eriks trær er høyere. Ingrids trær er de høyeste. 3. Eriks traktor er bedre. Ingrids traktor er den beste. 4. Eriks eple er saftigere. Ingrids eple er det saftigste. 5. Eriks oppgaver er lettere. Ingrids oppgaver er de letteste. 6. Eriks bok er morsommere. Ingrids bok er den morsomste.

12

VII. 1. gammel--gammelt--gamle eldre eldst 2. fort fortere fortest
3. stor--stort--store større størst 4. vanskelig--vanskelige vanskeligere
vanskeligst 5. liten--lita--lite--små--lille mindre minst
6. morsom--morsomt--morsomme morsommere morsomst 7. sein--seint--seine
seinere seinest 8. mange flere flest 9. ung--ungt--unge yngre yngst

FØRSTE KAPITTEL

I.

Heter han Hans?	Ja, han heter Hans.
Heter hun Anne?	Ja, hun heter Anne.
Er jeg fra Amerika?	Ja, du er fra Amerika.
Er familien min fra Norge?	Ja, familien din er fra Norge.
Er familien din fra Amerika?	Ja, familien min er fra Amerika.
Heter du Kari?	Ja, jeg heter Kari.
Er du fra Amerika?	Ja, jeg er fra Amerika.

II.

Heter jeg Jens?	Nei, du heter ikke Jens.
Er Kari fra Amerika?	Nei, Kari er ikke fra Amerika.
Er familien din fra Norge?	Nei, familien min er ikke fra Amerika.
Heter du Hans?	Nei, jeg heter ikke Hans.
Er jeg fra Norge?	Nei, jeg er ikke fra Norge.
Heter hun Anne?	Nei, hun heter ikke Anne.
Er familien min fra Amerika?	Nei, familien din er ikke fra Amerika.

III.

Jeg heter Jens.	Jeg heter ikke Jens.
Familien min er fra Norge.	Familien min er ikke fra Amerika.
Du heter Anne.	Du heter ikke Anne.
Hun er fra Amerika.	Hun er ikke fra Amerika.
Han heter Hans.	Han heter ikke Hans.

IV.

Kari er fra Amerika.	Hun er fra Amerika.
Hvor er Jens fra?	Hvor er han fra?
Er Anne fra Amerika?	Er hun fra Norge?
Hvordan har Hans det?	Hvordan har han det?
Kari er ikke fra Norge.	Hun er ikke fra Amerika.

DIKTAT
1. Jeg heter Jens.
2. Familien din er ikke fra Norge.
3. Hvor er hun fra?

ANNET KAPITTEL

I.

Er Hansen lærer?	Ja, han er lærer.
Forstår Jorunn norsk?	Ja, hun forstår norsk.
Snakker Svein norsk?	Ja, han snakker norsk.
Stemmer det?	Ja, det stemmer.
Er du fra Norge?	Ja, jeg er fra Norge.
Forstår Anne norsk?	Ja, hun forstår norsk.
Heter jeg Svein?	Ja, du heter Svein.

II.

Er Hansen lærer?	Nei, han er ikke lærer.
Forstår Jorunn norsk?	Nei, hun forstår ikke norsk.
Snakker Svein norsk?	Nei, han snakker ikke norsk.
Stemmer det?	Nei, det stemmer ikke.
Er du fra Norge?	Nei, jeg er ikke fra Norge.
Forstår Anne norsk?	Nei, hun forstår ikke norsk.
Heter jeg Svein?	Nei, du heter ikke Svein.

III.

Hva heter han? (Hansen)	Han heter Hansen.
Snakker han norsk? (Nei)	Nei, han snakker ikke norsk.
Er du student? (elev)	Nei, jeg er elev.
Forstår du norsk? (litt)	Ja, jeg forstår litt norsk.
Hvor er Anne fra? (Amerika)	Anne er fra Amerika.

IV.

Bokstavene heter på norsk:
A B C D E F G H I J (/je/) K L M N O P Q R S T U V W X Y Z Æ Ø Å

V.

Hvordan staver vi 'Anne'?	Vi staver 'Anne' A-N-N-E.
Hvordan staver vi 'takk'?	Vi staver 'takk' T-A-K-K.
Hvordan staver vi 'lærer'?	Vi staver 'lærer' L-Æ-R-E-R.
Hvordan staver vi 'god'?	Vi staver 'god' G-O-D.
Hvordan staver vi 'unnskyld'?	Vi staver 'unnskyld' U-N-N-S-K-Y-L-D.
Hvordan staver vi 'forstår'?	Vi staver 'forstår' F-O-R-S-T-Å-R.
Hvordan staver vi 'spørsmål'?	Vi staver 'spørsmål' S-P-Ø-R-S-M-Å-L.
Hvordan staver vi Svein?	Vi staver 'Svein' S-V-E-I-N.
Hvordan staver vi 'ja'?	Vi staver 'ja' J-A.

DIKTAT

KARI

Kari er student. Hun er ikke lærer. Hun forstår norsk,
og hun snakker norsk. Forstår du?

TREDJE KAPITTEL

I.

Jeg har en jobb.	Har jeg en jobb.
Hun forstår norsk.	Forstår hun norsk?
Hansen er lærer.	Er Hansen lærer?
Han arbeider på en skole.	Arbeider han på en skole.
Du studerer ved et universitet.	Studerer du ved et universitet?
Jorunn lærer engelsk.	Lærer Jorunn engelsk?
Svein sover.	Sover Svein?
Hun heter Anne.	Heter hun Anne?

II.

Bjørn er student nå.	Var han student før?
Anne var elev før.	Er hun elev nå?
Frank er i Norge nå.	Var han i Norge før?
Jorunn var i Amerika før.	Er hun i Amerika nå?
Kari er tjue år gammel nå.	Var hun tjue år gammel før?
Hansen var tretti år gammel før.	Er han tretti år gammel nå?
Jens er på skolen nå.	Var han på skolen før?

III.

Jeg arbeider på et kontor.	Jeg arbeider ikke på et kontor.
Du lærer engelsk.	Du lærer ikke engelsk.
Jorunn er sytten år gammel.	Jorunn er ikke sytten år gammel.
Svein studerer historie.	Svein studerer ikke historie.
Anne var femten år gammel.	Anne var ikke femten år gammel.
Han har vært i Amerika før.	Han har ikke vært i Amerika før.
Hun liker å være student.	Hun liker ikke å være student.
Svein sover.	Svein sover ikke.

IV.

Vi teller fra én til tjue:
én, to, tre, fire, fem, seks, sju, åtte, ni, ti,
elleve, tolv, tretten, fjorten, femten, seksten, atten, nitten, tjue.

V.

Vi teller videre:
tjue, tjueen, tjueto, tjuetre, tjuefire, tjuefem, tjueseks, tjuesju,
tjueåtte, tjueni, tretti,

førti, femti, seksti, sytti, åtti, nitti, hundre, hundre og ti,
to hundre, tusen, tusen og ti.

VI.

Vi teller hvert femte tall:

fem	ti
femten	tjue
tjuefem	tretti
trettifem	førti
førtifem	femti
femtifem	seksti
sekstifem	sytti
syttifem	åtti
åttifem	nitti
nittifem	hundre
hundre og fem	hundre og ti

16

Tredje kapittel

DIKTAT

Jens

Jens er student. Han studerer ved universitetet. Han er tjuesju år gammel. Han har vært i Amerika. Han studerer engelsk nå.

FJERDE KAPITTEL

I.
Se på bildene på side 177 i arbeidsheftet. Hør på spørsmålene og
svar:

1. Hva er dette?	Dette er en blyant.
2. Hva kjøper du?	Jeg kjøper en linjal.
3. Hva er dette?	Dette er en avis.
4. Hva trenger du?	Jeg trenger penger.
5. Hva er dette?	Dette er skrivepapir.
6. Hva har du?	Jeg har et spørsmål.
7. Hvor arbeider du?	Jeg arbeider på en fabrikk.

II.

Her er en penn.	Hvor er pennen?
Her er en elev.	Hvor er eleven?
Her er et viskelær.	Hvor er viskelæret?
Her er en fabrikk.	Hvor er fabrikken?
Her er skrivepapir.	Hvor er skrivepapiret?
Her er en linjal.	Hvor er linjalen?
Her er en avis.	Hvor er avisen?
Her er et kontor.	Hvor er kontoret?

III.

Kjøper du pennen?	Nei, jeg trenger ikke en penn.
Kjøper du skrivepapiret?	Nei, jeg trenger ikke skrivepapir.
Kjøper du blyanten?	Nei, jeg trenger ikke en blyant.
Kjøper du viskelæret?	Nei, jeg trenger ikke et viskelær.
Kjøper de linjalen?	Nei, jeg trenger ikke en linjal.
Kjøper du papiret?	Nei, jeg trenger ikke papir.

IV.

Jeg heter Kari.	Hva heter du?
Jeg arbeider på et kontor.	Hvor arbeider du?
Alt dette koster elleve femti.	Hva koster alt dette?
Jeg staver det B-L-Y-A-N-T.	Hvordan staver du 'blyant'?
Jeg er nitten år gammel.	Hvor gammel er du?
Jeg har det bra, takk.	Hvordan har du det?
Jeg kommer fra Bergen.	Hvor kommer du fra?
Jeg trenger skrivepapir.	Hva trenger du?

LYTTEØVELSE
Slå sirkel rundt tallene som blir lest:
1. 4
2. 7
3. 80
4. 16
5. 72

DIKTAT

Erik

Erik har en blyant og et viskelær, men han trenger en linjal og
skrivepapir. Han er i butikken nå. Han kjøper en linjal og skrivepapir.
Linjalen koster to kroner og femti øre og skrivepapiret koster sju
kroner. Det blir ni kroner og femti øre.

FEMTE KAPITTEL

I.

Jeg leser en avis.	Jeg leser to aviser.
Jeg ser en pike.	Jeg ser to piker.
Jeg har en linjal	Jeg har to linjaler.
Jeg kjøper en penn.	Jeg kjøper to penner.
Jeg trenger et bilde.	Jeg trenger to bilder.
Jeg har en jobb.	Jeg har to jobber.
Jeg arbeider på en fabrikk.	Jeg arbeider på to fabrikker.

II.

Det er noen pulter i klasseværelset.	Hvor er pultene?
Det er noen vinduer i klasseværelset.	Hvor er vinduene?
Det er noen vegger i klasseværelset.	Hvor er veggene?
Det er noen jenter i klasseværelset.	Hvor er jentene?
Det er noen elever i klasseværelset.	Hvor er elevene?
Det er noen stoler i klasseværelset.	Hvor er stolene?
Det er noen gutter i klasseværelset.	Hvor er guttene?

III.

Er det et golv her?	Ja, der er golvet.
Er det en pult her?	Ja, der er pulten.
Er det ei klokke her?	Ja, der er klokka.
Er det en penn her?	Ja, der er pennen.
Er det ei bok her?	Ja, der er boka.
Er det et taklys her?	Ja, der er taklyset.
Er det en lærer her?	Ja, der er læreren.
Er det ei tavle her?	Ja, der er tavla.

IV.

Hvordan staver vi 'papir'?	Vi staver 'papir' P-A-P-I-R.
Hvordan staver vi 'kjøper'?	Vi staver 'kjøper' K-J-Ø-P-E-R.
Hvordan staver vi 'øyeblikk'?	Vi staver 'øyeblikk' Ø-Y-E-B-L-I-K-K.
Hvordan staver vi 'klokka'?	Vi staver 'klokka' K-L-O-K-K-A.
Hvordan staver vi 'viskelæret'?	Vi staver 'viskelæret' V-I-S-K-E-L-Æ-R-E-T.
Hvordan staver vi 'åtti'?	Vi staver 'åtti' A-T-T-I.
Hvordan staver vi 'guttene'?	Vi staver 'guttene' G-U-T-T-E-N-E.
Hvordan staver vi 'blyantene'?	Vi staver 'blyantene' B-L-Y-A-N-T-E-N-E.

V.

Snakker du norsk?	Ja, jeg snakker norsk.
Har du ikke ei bok?	Jo, jeg har ei bok.
Sitter du her?	Ja, jeg sitter her.
Leser du ikke avisen?	Jo, jeg leser avisen.
Skriver du ikke med penn?	Jo, jeg skriver med penn.
Hadde du mange penger i går?	Ja, jeg hadde mange penger i går.
Var familien din i Oslo i går?	Ja, familien min var i Oslo i går.

Femte kapittel

VI.

Er du fra Norge?	Nei, jeg er ikke fra Norge.
Snakker du ikke engelsk?	Nei, jeg snakker ikke engelsk.
Ser du ikke på klokka?	Nei, jeg ser ikke på klokka.
Var du ikke i Bergen i går?	Nei, jeg var ikke i Bergen i går.
Liker du ikke å være student?	Nei, jeg liker ikke å være student.
Liker du ikke å ha penger?	Nei, jeg liker ikke å ha penger.
Har du ikke vært lærer før?	Nei, jeg har ikke vært lærer før.
Sukker du ikke?	Nei, jeg sukker ikke.

DIKTAT

Ingrid og Olav

Ingrid er en pike. Olav er en gutt. De går på skolen. De har time nå. Det er tolv gutter og elleve jenter i klassen. Elevene er nå i klasseværelset og leser ei bok. Boka er på norsk og har mange bilder. Elevene ser på bildene.

SJETTE KAPITTEL

I.

Jeg har en blyant her.	Men vi har to blyanter.
Jeg har ei klokke her.	Men vi har to klokker.
Jeg har et bilde her.	Men vi har to bilder.
Jeg har et brev her.	Men vi har to brev.
Jeg har ei lampe her.	Men vi har to lamper.
Jeg har et lys her.	Men vi har to lys.
Jeg har en stol her.	Men vi har to stoler.
Jeg har et skrivebord her.	Men vi har to skrivebord.

II.

Jeg ser en gutt der.	Hva? Ser du en gutt der?
Jeg så en gutt der.	Hva? Så du en gutt der?
Jeg har sett en gutt der.	Hva? Har du sett en gutt der?
Jeg liker å se en gutt der.	Hva? Liker du å se en gutt der?
Jeg ser på klokka.	Hva? Ser du på klokka?
Jeg så på klokka.	Hva? Så du på klokka?
Jeg har sett på klokka.	Hva? Har du sett på klokka?
Jeg liker å se på klokka.	Hva? Liker du å se på klokka?

III.

Ser du på et bilde?	Nei, jeg ser ikke på et bilde.
Ser du avisen?	Nei, jeg ser ikke avisen.
Ser du på avisen?	Nei, jeg ser ikke på avisen.
Ser du på tavla?	Nei, jeg ser ikke på tavla.
Har du sett på boka?	Nei, jeg har ikke sett på boka.
Liker du å se på bildene?	Nei, jeg liker ikke å se på bildene.

IV.

Svein har et hus.	Det er huset til Svein.
Anne har to blyanter.	Det er blyantene til Anne.
Lars har to bord.	Det er bordene til Lars.
Aud har tre bøker.	Det er bøkene til Aud.
Leif har et vindu.	Det er vinduet til Leif.
Åse har ei klokke.	Det er klokka til Åse.
Karsten har noen penner.	Det er pennene til Karsten.

V.

Jeg snakker norsk.	Kåre forstår meg.
Jorunn snakker norsk.	Kåre forstår henne.
Vi snakker norsk.	Kåre forstår oss.
Øyvind snakker norsk.	Kåre forstår ham.
Dere snakker norsk.	Kåre forstår dere.
Hun snakker norsk.	Kåre forstår henne.
Bjørn og Bjørg snakker norsk.	Kåre forstår dem.
Du snakker norsk.	Kåre forstår deg.
Han snakker norsk.	Kåre forstår ham.
De snakker norsk.	Kåre forstår dem.

Sjette kapittel

VI.

Kjenner du ham?	Nei, jeg kjenner ham ikke.
Kjenner du Odd?	Nei, jeg kjenner ikke Odd.
Kjenner du oss?	Nei, jeg kjenner dere ikke.
Kjenner du henne?	Nei, jeg kjenner henne ikke.
Kjenner du Solveig?	Nei, jeg kjenner ikke Solveig.
Kjenner du dem?	Nei, jeg kjenner dem ikke.
Kjenner du meg?	Nei, jeg kjenner deg ikke.
Kjenner du Gro?	Nei, jeg kjenner ikke Gro.

VII.

Leser dere bøker?	Ja, vi liker å lese bøker.
Skriver dere brev?	Ja, vi liker å skrive brev.
Snakker dere norsk?	Ja, vi liker å snakke norsk.
Bor dere i Amerika?	Ja, vi liker å bo i Amerika.
Gjør dere dette?	Ja, vi liker å gjøre dette.
Er dere studenter?	Ja, vi liker å være studenter.

DIKTAT

ØYSTEIN

Det er mange bøker på skrivebordet til Øystein. Han liker ikke å lese bøkene, men han leser dem allikevel. Han lærer å skrive og å lese engelsk, men han liker ikke å gjøre dette nå. Han trenger å studere mye.

SJUENDE KAPITTEL

I.
Spiser du pizza?   Nei, jeg spiser ikke pizza.
Liker Bjørn å drikke cola?   Nei, Bjørn liker ikke å drikke cola.
Ser hun på tavla?   Nei, hun ser ikke på tavla.
Lærer du norsk?   Nei, jeg lærer ikke norsk.
Har Karsten sett Aud?   Nei, Karsten har ikke sett Aud.
Har han sett henne?   Nei, han har ikke sett henne.
Så hun ham?   Nei, hun så ham ikke.

II.
Jeg legger meg klokka elleve.   Jeg legger meg klokka elleve.
(Vi)   Vi legger oss klokka elleve.
(Han)   Han legger seg klokka elleve.
(Du)   Du legger deg klokka elleve.
(Studentene)   Studentene legger seg klokka
                                       elleve.
(Dere)   Dere legger dere klokka elleve.
(Astrid)   Astrid legger seg klokka elleve.
(Jeg)   Jeg legger meg klokka elleve.
(De)   De legger seg klokka elleve.

III.
Så du deg i speilet?   Så du deg i speilet?
(vi)   Så vi oss i speilet?
(Per)   Så Per seg i speilet?
(hun)   Så hun seg i speilet?
(læreren og studenten)   Så læreren og studenten seg i
                                       speilet?
(dere)   Så dere dere i speilet?
(du)   Så du deg i speilet?
(de)   Så de seg i speilet?
(jeg)   Så jeg meg i speilet?

IV.
Ringer Svein til Jorunn?   Ja, han ringer til henne.
Leser Anne boka?   Ja, hun leser den.
Har Kåre sett bildet?   Ja, han har sett det.
Kjøper du bordet?   Ja, jeg kjøper det.
Forstår Leif Liv?   Ja, han forstår henne.
Besøker Lars og Åse meg?   Ja, de besøker meg.
Liker du klokkene?   Ja, jeg liker dem.

V.
ei klokke   to klokker
et bilde   to bilder
en by   to byer
et brev   to brev
ei bok   to bøker
et klasseværelse   to klasseværelser
en mann   to menn
ei seng   to senger
et bord   to bord
et skrivebord   to skrivebord

23

Sjuende kapittel

VI.

tre	fire
ni	ti
tretten	fjorten
femten	seksten
sytten	atten
nitten	tjue
tjueseks	tjuesju
trettisju	trettiåtte
førtito	førtitre
femtini	seksti
syttini	åtti
hundre og elleve	hundre og tolv

UTTALEØVELSE

Les setningen etter at du hører klokka.
1. Hvor mange jenter er hjemme i dag?
2. Hva gjør de?
3. Det er elleve elever hos meg.
4. Unnskyld, studerer du ved universitetet?

DIKTAT

Et brev til Jorunn

Kjære Jorunn!
Hvordan har du det? Jeg har det bare bra. Du vet at jeg er i Bergen nå, ikke sant? Jeg besøker familien til Bjørn. Jeg liker meg her i byen. Det er mye å gjøre. Jeg har sett mange filmer og jeg så kongen i dag! Jeg legger meg nå. Ha det bra.

Hilsen Svein

ATTENDE KAPITTEL

I.
Jeg leser avisen klokka sju.

Pleier du å lese avisen klokka sju?

Jeg legger meg klokka sju.

Pleier du å legge deg klokka sju?

Jeg spiser frokost klokka sju.

Pleier du å spise frokost klokka sju?

Jeg går til kontoret klokka sju.

Pleier du å gå til kontoret klokka sju?

Jeg ser meg i speilet klokka sju.

Pleier du å se deg i speilet klokka sju?

Jeg gjør dette klokka sju.

Pleier du å gjøre dette klokka sju?

Jeg er hjemme klokka sju.

Pleier du å stå der klokka sju?

II.
Jeg er hjemme. Liker du deg hjemme?
Solveig er hjemme. Liker Solveig seg hjemme?
Han er hjemme. Liker han seg hjemme?
Jeg er hjemme. Liker du deg hjemme?
Vi er hjemme. Liker dere dere hjemme?
Dere er hjemme. Liker vi oss hjemme?
De er hjemme. Liker de seg hjemme?
Øyvind og Eivind er hjemme. Liker Øyvind og Eivind seg hjemme?

III.
Hun snakker norsk. Ja, men kan du snakke norsk?
Hun sitter på golvet. Ja, men kan du sitte på golvet?
Hun drikker melk. Ja, men kan du drikke melk?
Hun arbeider på fabrikk. Ja, men kan du arbeide på fabrikk?
Hun gjør dette. Ja, men kan du gjøre dette?
Hun skriver mange bøker. Ja, men kan du skrive mange bøker?
Hun forteller ham det. Ja, men kan du fortelle ham det?
Hun er hjemme nå. Ja, men kan du være hjemme nå?

IV.
Vi ligger på golvet. Vil du også ligge på golvet?
Vi ser filmen. Vil du også se på filmen?
Vi studerer norsk. Vil du også studere norsk?
Vi besøker Svein. Vil du også besøke Svein?
Vi spiser småkaker. Vil du også spise småkaker?
Vi holder gaffelen i venstre hånd. Vil du også holde gaffelen i venstre hånd?

V.
Han spiser formiddagsmat allerede. Må han spise formiddagsmat nå?
Han banker på døra allerede. Må han banke på døra nå?
Han legger seg allerede. Må han legge seg nå?
Han ringer til Gro allerede. Må han ringe til Gro nå?
Han kjøper tre hus allerede. Må han kjøpe tre hus nå?
Han bor der allerede. Må han bo der nå?
Han er hjemme allerede. Må han være hjemme nå?

Attende kapittel

LYTTEØVELSE

Lytt til brevet Aud skriver og svar så på spørsmålene:

Kjære mor og far
Jeg er på skolen nå, og jeg liker meg her. Jeg kjenner mange andre
studenter allerede og det er bra. Jeg studerer historie, biologi,
kjemi og engelsk. Jeg liker timene, men jeg liker også å være ute.
Jeg pleier å spise frokost ved 7-tiden, og jeg spiser alltid en god
frokost med egg, brødskiver med pålegg -- jeg liker syltetøy best,
og jeg drikker melk og kaffe til frokost.

NIENDE KAPITTEL

I.

Jeg bruker pennen.	Bruker du den?
Marit så på bildene.	Så hun på dem?
Eivind liker å ringe til Bjørg.	Liker han å ringe til henne?
Jeg spiste et smørbrød.	Spiste du det?
Bøkene er imponerende.	Er de imponerende?
Døra er der borte.	Er den der borte?
Skrivebordet var her i går.	Var det her i går?
Gro leser bøkene.	Leser hun dem?

II.

Har du to blyanter?	Ja, det er blyantene mine.
Har jeg ei bok?	Ja, det er boka di.
Har du et viskelær?	Ja, det er viskelæret mitt.
Har jeg tre bord?	Ja, det er bordene dine.
Har jeg en avis?	Ja, det er avisen din.
Har du en lenestol?	Ja, det er lenestolen min.
Har du ei klokke?	Ja, det er klokka mi.
Har jeg et brev?	Ja, det er brevet ditt.
Har jeg mange møbler?	Ja, det er møblene dine.

III.

Hun hadde ei klokke.	Vi så ikke klokka hennes.
Han hadde et hus.	Vi så ikke huset hans.
Han hadde en linjal.	Vi så ikke linjalen hans.
Hun hadde mange bøker.	Vi så ikke bøkene hennes.
Hun hadde et glass.	Vi så ikke glasset hennes.
Han hadde ei tavle.	Vi så ikke tavla hans.
Hun hadde et smørbrød.	Vi så ikke smørbrødet hennes.
Han hadde et fjernsyn.	Vi så ikke fjernsynet hans.
Hun hadde mange frimerker.	Vi så ikke frimerkene hennes.

IV.

Kan dere bruke fjernsynet deres?	Nei, fjernsynet vårt er ikke her.
Kan vi bruke lenestolene våre?	Nei, lenestolene deres er ikke her.
Kan vi bruke telefonen vår?	Nei, telefonen deres er ikke her.
Kan dere bruke senga deres?	Nei, senga vår er ikke her.
Kan dere bruke glassene deres?	Nei, glassene våre er ikke her.
Kan vi bruke kontoret vårt?	Nei, kontoret deres er ikke her.
Kan dere bruke værelsene deres?	Nei, værelsene våre er ikke her.
Kan vi bruke sofaen vår?	Nei, sofaen deres er ikke her.

V.

De kjøper ei lampe.	Hvor mye koster lampa deres?
Han kjøper noen blyanter.	Hvor mye koster blyantene hans?
Jeg kjøper et kjøleskap.	Hvor mye koster kjøleskapet ditt?
Vi kjøper ei seng.	Hvor mye koster senga deres?
De kjøper noen kniver.	Hvor mye koster knivene deres?
Hun kjøper et hus.	Hvor mye koster huset hennes?
Dere kjøper noe bilder.	Hvor mye koster bildene våre?
De kjøper en platespiller.	Hvor mye koster platespilleren deres?

Niende kapittel

VI.

Har dere et viskelær?	Ja, her kan du se viskelæret vårt.
Har jeg ei bok?	Ja, her kan du se boka di.
Har de et hus?	Ja, her kan du se huset deres.
Har du noen frimerker?	Ja, her kan du se frimerkene mine.
Har Solveig en kopp?	Ja, her kan du se koppen til Solveig.
Har dere mange møbler?	Ja, her kan du se møblene våre.
Har vi ei TV-stue?	Ja, her kan du se TV-stua deres.
Har studenten skrivepapir?	Ja, her kan du se skrivepapiret til studenten.
Har lærer Hansen et skrivebord?	Ja, her kan du se skrivebordet til lærer Hansen.

VII.

Ser du boka hennes?	Er den hennes?
Ser du husene våre?	Er de deres?
Ser du kjøkkenet mitt?	Er det ditt?
Ser du bildet hans?	Er det hans?
Ser du soveværelsene dine?	Er de mine?
Ser du sofaen vår?	Er den deres?
Ser du spisestua hennes?	Er den hennes?
Ser du klokka mi?	Er den di?

VIII.

De drikker kaffe i Oslo.	I Bergen drikker de også kaffe.
De kjøper mat i Oslo.	I Bergen kjøper de også mat.
De leser avis i Oslo.	I Bergen leser de også avis.
De vasker seg i Oslo.	I Bergen vasker de seg også.
De gjør dette i Oslo.	I Bergen gjør de dette også.
De snakker norsk i Oslo.	I Bergen snakker de også norsk.

IX.

Du må skrive brevet nå!	I morgen skal jeg skrive brevet.
Du må ringe til Svein nå!	I morgen skal jeg ringe til Svein.
Du må studere norsk nå!	I morgen skal jeg studere norsk.
Du må se på bildene mine!	I morgen skal jeg se på bildene dine.
Du må pusse tennene nå!	I morgen skal jeg pusse tennene.
Du må besøke dem nå!	I morgen skal jeg besøke dem.
Du må gjøre hjemmeleksene nå!	I morgen skal jeg gjøre hjemmeleksene.

Niende kapittel

X.

I badet vasker vi oss.	I badet vasker vi oss.
(han)	I badet vasker han seg.
(jeg)	I badet vasker jeg meg.
(Unni)	I badet vasker Unni seg.
(vi)	I badet vasker vi oss.
(du)	I badet vasker du deg.
(Jens og Hans)	I badet vasker Jens og Hans seg.
(dere)	I badet vasker dere dere
(hun)	I badet vasker hun seg.
(de)	I badet vasker de seg.

LYTTEØVELSE

Lytt til 'Huset til Jorunn' og svar så på spørsmålene:

Vi besøker nå huset til Jorunn. Vi har allerede sett soveværelset hennes. Det er i annen etasje og har ei seng, et skrivebord, tre bord, noen bilder på veggene og et teppe på golvet. Det er to soveværelser til og et bad i annen etasje.

Stua er i første etasje. I stua er det en sofa. to lenestoler og et kaffebord. På golvet er det et teppe. Der sitter Jorunn ofte og ser på fjernsyn. Hun liker seg der, men moren hennes liker ikke at hun sitter på golvet.

TIENDE KAPITTEL

I.

Gerd har en mor.
Jeg har en søster.
Pål og Egil har en bror.
Vi har to foreldre.
Lars har en far.
Du har en søster.
Dere har mange søsken.
Jeg har to bestefedre.
Vi har to bestemødre.

Hvor er moren hennes?
Hvor er søsteren din?
Hvor er broren deres?
Hvor er forledrene deres?
Hvor er faren hans?
Hvor er søsteren din?
Hvor er søsknene våre?
Hvor er bestefedrene dine?
Hvor er bestemødrene deres?

II.

Karsten har spist middag.
Aud må skrive til Pål.
Magne kjenner Astrid.
Øyvind liker å være hjemme hos
    Eivind.
Kari vil hilse på Kåre.
Jens og Anne skal ringe til
    Torhild og Lars.
Hans pleier å lage mat i
    kjøkkenet.

Har han spist middag?
Må hun skrive til ham?
Kjenner han henne?

Liker han å være hjemme hos ham?
Vil hun hilse på ham?

Skal de ringe til dem?
Pleier han å lage mat i
    kjøkkenet?

III.

Var dere hjemme i går kveld?
Spiste dere middag i går kveld?
Så dere filmen i går kveld?
Så dere på fjernsyn i går kveld?
Var dere i kjøkkenet i går
    kveld?
Spiste dere skinke i går kveld?
Hadde dere mange penger i går
    kveld?

Ja, i går kveld var vi hjemme.
Ja, i går kveld spiste vi middag.
Ja, i går kveld så vi filmen.
Ja, i går kveld så vi på fjernsyn.
Ja, i går kveld var vi i
    kjøkkenet.
Ja, i går kveld spiste vi skinke.
Ja, i går kveld hadde vi
    mange penger.

IV.

Har Kari bare én bror?
Har Kari bare én tante?
Har Kari bare én bestemor?
Har Kari bare én datter?
Har Kari bare én onkel?
Har Kari bare ett barn?
Har Kari bare én niese?
Har Kari bare én fetter?
Har Kari bare én bestefar?

Nei, hun har to brødre.
Nei, hun har to tanter.
Nei, hun har to bestemødre.
Nei, hun har to døtre.
Nei, hun har to onkler.
Nei, hun har to barn.
Nei, hun har to nieser.
Nei, hun har to fettere.
Nei, hun har to bestefedre.

Tiende kapittel

V.

Jeg har mange fettere.	Men du har bare én fetter i Norge.
Jeg har mange barnebarn.	Men du har bare ett barnebarn i Norge.
Jeg har mange brødre.	Men du har bare én bror i Norge.
Jeg har mange kusiner.	Men du har bare én kusine i Norge.
Jeg har mange sønner.	Men du har bare én sønn i Norge.
Jeg har mange døtre.	Men du har bare én datter i Norge.
Jeg har mange tipp-tipp-oldefedre.	Men du har bare én tipp-tipp-oldefar i Norge.
Jeg har mange søstre.	Men du har bare én søster i Norge.
Jeg har mange koner.	Men du har bare ei kone i Norge.

VI.

Han har én mor og én far.	Ja, han har to foreldre.
Han har én bror og to søstre.	Ja, han har tre søsken.
Han har to døtre og to sønner.	Ja, han har fire barn.
Han har én mormor og én farmor.	Ja, han har to bestemødre.
Han har to fettere og tre kusiner.	Ja, han har fem søskenbarn.
Han har én morfar og én farfar.	Ja, han har to bestefedre.

LYTTEØVELSE

Lytt til historien om Gro og familien hennes og svar så på spørsmålene:

God dag. Kjenner dere meg? Gro heter jeg og jeg skal si dere litt om familien min. Jeg bor i et hus med mange værelser. Foreldrene mine bor der også. Moren min er lærer og faren min arbeider på en fabrikk. Jeg har bare én bror, Magne, men jeg har to søstre, Liv og Marit. Jeg er ikke gift og har ingen barn. Men jeg har mange nieser og nevøer. Noen av dem har jeg aldri sett. Marit og familien hennes bor i Amerika. Alle besteforeldrene mine lever ennå. Mormor og morfar bor på Gol i Hallingdal, og farfar og farmor bor i Bergen. Jeg liker å besøke dem. Det er alltid mye å gjøre hos dem.

ELLEVTE KAPITTEL

I.
Vi legger oss klokka 11 i kveld.

Dag legger seg klokka 11 i kveld.
Du legger deg klokka 11 i kveld.
Hun legger seg klokka 11 i kveld.
Arne og Ingeborg legger seg
  klokka 11 i kveld.
Jeg legger meg klokka 11 i kveld.
Dere legger dere klokka 11 i kveld.

Pleier dere å legge å legge dere
  klokka 11?
Pleier Dag å legge seg klokka 11?
Pleier du å legge deg klokka 11?
Pleier hun å legge seg klokka 11?
Pleier Arne og Ingeborg å legge
  seg klokka 11?
Pleier du å legge deg klokka 11?
Pleier vi å legge oss klokka 11?

II.
Vi spiser snart.
Vi sitter i stolene snart.
Vi banker på døra snart.
Vi spør ham snart.
Vi står der snart.
Vi sier dette snart.
Vi lager mat snart.
Vi er hjemme snart.

La oss spise nå!
La oss sitte i stolene nå!
La oss banke på døra nå!
La oss spørre ham nå!
La oss stå der nå!
La oss si dette nå!
La oss lage mat nå!
La oss være hjemme nå!

III.
Jeg vil gjerne se på spisekartet.

Jeg vil gjerne reise til Norge.
Jeg vil gjerne holde gaffelen i
  venstre hånd.
Jeg vil gjerne besøke søsknene mine.

Jeg vil gjerne bruke viskelæret
  ditt.
Jeg vil gjerne snakke norsk.
Jeg vil gjerne legge meg.

Du får se på spisekartet
  i morgen.
Du får reise til Norge i morgen.
Du får holde gaffelen i venstre
  hånd i morgen.
Du får besøke søsknene dine i
  morgen.
Du får bruke viskelæret mitt i
  morgen.
Du får snakke norsk i morgen.
Du får legge deg i morgen.

IV.
Mor, Bjørn drikker ikke melken.
Mor, Bjørn sover ikke.
Mor, Bjørn smiler ikke.
Mor, Bjørn gjør det ikke.
Mor, Bjørn står ikke der.
Mor, Bjørn selger ikke pærene.
Mor, Bjørn ser seg ikke omkring.

Bjørn, drikk melken!
Bjørn, sov!
Bjørn, smil!
Bjørn, gjør det!
Bjørn, stå der!
Bjørn, selg pærene!
Bjørn, se deg omkring!

V.
Jeg føler meg velkommen her.
(Mette)
(du)
(de)
(kona til Hansen)

(dere)
(han)
(jeg)
(kattene)

Jeg føler meg velkommen her.
Mette føler seg velkommen her.
Du føler deg velkommen her.
De føler seg velkommen her.
Kona til Hansen føler seg
  velkommen her.
Dere føler dere velkommen her.
Han føler seg velkommen her.
Jeg føler meg velkommen her.
Kattene føler seg velkommen her.

Ellevte kapittel

VI.

Har du et eple?	Ja, men før hadde jeg mange epler.
Har du en hund?	Ja, men før hadde jeg mange hunder.
Har du ei bok?	Ja, men før hadde jeg mange bøker.
Har du et problem?	Ja, men før hadde jeg mange problemer.
Har du et søskenbarn?	Ja, men før hadde jeg mange søskenbarn.
Har du en gris?	Ja, men før hadde jeg mange griser.
Har du en tippoldefar?	Ja, men før hadde jeg mange tippoldefedre.
Har du et dyr?	Ja, men før hadde jeg mange dyr.
Har du en fetter?	Ja, men før hadde jeg mange fettere.
Har du ei ku?	Ja, men før hadde jeg mange kuer.
Har du en lærer?	Ja, men før hadde jeg mange lærere.

VII.

Kjenner du mange gutter?	Nei, jeg kjenner bare én gutt.
Kjøper du mange stoler?	Nei, jeg kjøper bare én stol.
Er det mange soveværelser i huset ditt?	Nei, det er bare ett soveværelse i huset mitt.
Har du mange sønner?	Nei, jeg har bare én sønn.
Kjenner du mange bønder?	Nei, jeg kjenner bare én bonde.
Reiser du omkring i mange land?	Nei, jeg reiser omkring i bare ett land.
Banker du på mange dører?	Nei, jeg banker på bare ei dør.
Hilser du på mange kvinner og mange menn?	Nei, jeg hilser på bare én kvinne og én mann.
Skriver du mange brev?	Nei, jeg skriver bare ett brev.

LYTTEØVELSE

Fyll inn ordene og uttrykkene som mangler mens du hører på båndet:

Nå besøker vi herr og fru Johnson. Ekteparet har fire barn-- tre døtre og en sønn. De bor på en gård på landet og barna må ofte hjelpe foreldrene på gården. Familien dyrker hvete, rug, havre og noen grønnsaker. Johnsen selger hveten, rugen og havren i byen. Noen ganger reiser fru Johnson til byen med ham. Da selger hun noen av grønnsakene på torget. Familien Johnson har også noen dyr-- de har et par kuer og griser og en katt og en hund.

TOLVTE KAPITTEL

I.

Jeg trenger et kjøleskap.	Er det ikke kjøleskapet ditt?
Svein trenger en blyant.	Er det ikke blyanten hans?
Kari trenger en skje.	Er det ikke skjeen hennes?
Dere trenger et fjernsyn.	Er det ikke fjernsynet vårt?
Du trenger ei bok.	Er det ikke boka mi?
Liv og Leif trenger noen katter.	Er det ikke kattene deres?
Jeg trenger et værelse.	Er det ikke værelset ditt?
Han trenger ei seng.	Er det ikke senga hans?

II.

Jeg leser i boka mi.	Jeg leser i boka mi.
(vi)	Vi leser i boka vår.
(dere)	Dere leser i boka deres.
(han)	Han leser i boka si.
(Siri)	Siri leser i boka si.
(du)	Du leser i boka di.
(Stein og Svein)	Stein og Svein leser i boka si.

III.

Vi så på huset vårt i går.	Vi så på huset vårt i går.
(Arne)	Arne så på huset sitt i går.
(traktor)	Arne så på traktoren sin i går.
(jeg)	Jeg så på traktoren min i går.
(klokke)	Jeg så på klokka mi i går.
(de)	De så på klokka si i går.
(kjøleskap)	De så på kjøleskapet sitt i går.
(du)	Du så på kjøleskapet ditt i går.
(klær)	Du så på klærne dine i går.
(hun)	Hun så på klærne sine i går.
(lampe)	Hun så på lampa si i går.
(vi)	Vi så på lampa vår i går.

IV.

Vil du spise fisk i dag?	Nei, jeg spiste fisk i går.
Vil du være på skolen i dag?	Nei, jeg var på skolen i går.
Vil du besøke onkelen din i går?	Nei, jeg besøkte onkelen min i går.
Vil du sove i dag?	Nei, jeg sov i går.
Vil du si ordene i dag?	Nei, jeg sa ordene i går.
Vil du ha det hyggelig i dag?	Nei, jeg hadde det hyggelig i går.
Vil du se deg i speilet i dag?	Nei, jeg så meg i speilet i går.

V.

A) Hva er klokka nå?	Nå er klokka to.
B) " " " "	Nå er klokka kvart over tre.
C) " ", " "	Nå er klokka kvart på seks.
D) " " " "	Nå er klokka fem på åtte.
E) " " " "	Nå er klokka ett.
F) " " " "	Nå er klokka halv tolv.
G) " " " "	Nå er klokka fem over halv fem.

34

Tolvte kapittel

VII.

Hvilken dag kommer etter mandag?	Etter mandag kommer tirsdag.
Hvilken dag kommer etter fredag?	Etter fredag kommer lørdag.
Hvilken dag kommer etter onsdag?	Etter onsdag kommer torsdag.
Hvilken måned kommer etter mai?	Etter mai kommer juni.
Hvilken måned kommer etter juli?	Etter juli kommer august.
Hvilken måned kommer etter februar?	Etter februar kommer mars.
Hvilken dag kommer etter tirsdag?	Etter tirsdag kommer onsdag.

VIII.

I dag er det den 1. februar. Hvilken dato er det i morgen?	I morgen er det den annen februar.
I dag er det den 5. mars. Hvilken dato er det i morgen?	I morgen er det den sjette mars.
I dag er det den 15. april. Hvilken dato er det i morgen?	I morgen er det den sekstende april.
I dag er det den 19. september. Hvilken dato er det i morgen?	I morgen er det den tjuende september.
I dag er det den 30. oktober. Hvilken dato er det i morgen?	I morgen er det den trettiførste oktober.

UTTALEØVELSE

Les setningen etter at du hører klokka:
1. Det er et kjøleskap i kjelleren.
2. Kan vi f. regningen?
3. Journalisten presenterer mannen sin.
4. Halv tolv spiser vi formiddagsmat.

DIKTAT

1. Bøndene selger grønnsakene på torget.
2. De liker å besøke slektningene sine i utlandet.
3. Til middag pleier nordmenn å spise fisk eller kjøtt.
4. "God natt og sov godt" sa hele familien.

TRETTENDE KAPITTEL

I.

Har du sett mange gårder?	Nei, jeg har bare sett én gård.
Har du sett mange kjøleskap?	Nei, jeg har bare sett ett kjøleskap.
Har du sett mange dører?	Nei, jeg har bare sett ei dør.
Har du sett mange aviser?	Nei, jeg har bare sett én avis.
Har du sett mange kommoder?	Nei, jeg har bare sett én kommode.
Har du sett mange bøker?	Nei, jeg har bare sett ei bok.
Har du sett mange bønder?	Nei, jeg har bare sett én bonde.
Har du sett mange nordmenn?	Nei, jeg har bare sett én nordmann.
Har du sett mange kafeer?	Nei, jeg har bare sett én kafé.

II.

Er huset imponerende?	Nei, men det er stort.
Er blomsten imponerende?	Nei, men den er stor.
Er blyanten imponerende?	Nei, men den er stor.
Er døra impondernde?	Nei, men den er stor.
Er vinduet imponerende?	Nei, men det er stort.
Er bøkene imponerende?	Nei, men de er store.
Er fabrikken imponerende?	Nei, men den er stor.
Er museet imponerende?	Nei, men det er stort.
Er grønnsakene imponerende?	Nei, men de er store.

III.

Er det en butikk her i byen?	Ja, det er en god butikk her.
Er det noen hoteller her i byen?	Ja, det er mange gode hoteller her.
Er det en restaurant her i byen?	Ja, det er mange gode restauranter her.
Er det noen skoler her i byen?	Ja, det er mange gode skoler her.
Er det et universitet her i byen?	Ja, det er et godt universitet her.
Er det en fabrikk her i byen?	Ja, det er en god fabrikk her.
Er det noen friluftskafeer her i byen?	Ja, det er mange gode frilufts- kafeer her.
Er det et torg her i byen?	Ja, det er et godt torg her.
Er det noen hager her i byen?	Ja, det er mange gode hager her.

IV.

Jens kjøper et gult hus.	Jens kjøper et gult hus.
(rød)	Jens kjøper et rødt hus.
(bygning)	Jens kjøper en rød bygning.
(høy)	Jens kjøper en høy bygning.
(dør)	Jens kjøper ei høy dør.
(billig)	Jens kjøper ei billig dør.
(noen bøker)	Jens kjøper noen billige bøker.
(interessant)	Jens kjøper noen interessante bøker.
(frimerke)	Jens kjøper et interessant frimerke.
(fargerik)	Jens kjøper et fargerikt frimerke.

Trettende kapittel

V.

Er alle gatene lange her i byen?	Nei, men dette er ei lang gate.
Er alle blomstene fine her i byen?	Nei, men dette er en fin blomst.
Er alle teatrene moderne her i byen?	Nei, men dette er et moderne teater.
Er alle lærerne populære her i byen?	Nei, men dette er en populær lærer.
Er alle eplene deilige her i byen?	Nei, men dette et et deilig eple.
Er alle museene interessante her i byen?	Nei, men dette et et interessant museum.
Er alle menneskene noeske her i byen?	Nei, men dette er et norsk menneske.
Er alle hotellene kjente her i byen?	Nei, men dette er et kjent hotell
Er alle stedene hyggelige her i byen?	Nei, men dette er et hyggelig sted.
Er alle kirkene høye her i byen?	Nei, men dette er en høy kirke.
Er alle universitetene nye her i byen?	Nei, men dette er et nytt universitet.

VI.

Vi vil skrive om et hus.	Hvilket hus vil dere skrive om?
Vi vil skrive om en gård.	Hvilken gård vil dere skrive om?
Vi vil skrive om noen nordmenn.	Hvilke nordmenn vil dere skrive om?
Vi vil skrive om et program.	Hvilket program vil dere skrive om?
Vi vil skrive om en park.	Hvilken park vil dere skrive om?
Vi vil skrive om ei bok.	Hvilken bok vil dere skrive om?
Vi vil skrive om noen teatre.	Hvilke teatre vil dere skrive om?
Vi vil skrive om noen ting.	Hvilke ting vil dere skrive om?
Vi vil skrive om et land.	Hvilket land vil dere skrive om?
Vi vil skrive om en katt.	Hvilken katt vil dere skrive om?

LYTTEØVELSE

Fyll inn ordene som mangler mens du hører på båndet.

Onkelen og tanten til Siri bor i et stort og rødt hus på en stor pen gård. Familien har mange fine dyr på gården. De har hester, kuer, griser, katter og en hund. Siri liker å besøke onkelen og tanten sin på gården. Der har hun det alltid hyggelig. Nå er låven full av høy og været er ennå varmt. Det er en deilig dag. Jorunn ligger i høyet på låven og ser på dyrene. Tanten hennes arbeider i fjøset, og onkelen hennes lager en god middag til alle sammen. Det er en fin dag å være på landet.

FJORTENDE KAPITTEL

I.

Vi kan ikke finne et rimelig værelse.	Men det er mange rimelige værelser her.
Vi kan ikke finne ei gul pære.	Men det er mange gule pærer her.
Vi kan ikke finne et kjent sted.	Men det er mange kjente steder her.
Vi kan ikke finne en saftig appelsin.	Men det er mange saftige appelsiner her.
Vi kan ikke finne et nytt museum.	Men det er mange nye museer her.
Vi kan ikke finne en høy nordmann.	Men det er mange høye nordmenn her.
Vi kan ikke finne en moderne ting.	Men det er mange moderne ting her.
Vi kan ikke finne ei interessant gate.	Men det er mange interessante gater her.
Vi kan ikke finne en norsk bonde.	Men det er mange norske bønder her.

II.

Jeg så en gård.	Du så en norsk gård. Den var gammel.
Jeg så noen dyr.	Du så noen norske dyr. De var gode.
Jeg så ei ku.	Du så ei norsk ku. Den var god.
Jeg så en låve.	Du så en norsk låve. Den var god.
Jeg så et stabbur.	Du så et norsk stabbur. Det var godt.
Jeg så en hest.	Du så en norsk hest. Den var god.
Jeg så noen grønnsaker.	Du så noen norske grønnsaker. De var gode.
Jeg så et fjøs.	Du så et norsk fjøs. Det var godt.

III.

Vil du gå opp nå?	Nei, jeg har allerede vært oppe.
Vil du gå inn i huset nå?	Nei, jeg har allerede vært inne i huset.
Vil du gå dit bort nå?	Nei, jeg har allerede vært der borte.
Vil du gå hjem nå?	Nei, jeg har allerede vært hjemme.
Vil du gå ned nå?	Nei, jeg har allerede vært nede.
Vil du gå dit ut hå?	Nei, jeg har allerede vært der ute.
Vil du gå inn nå?	Nei, jeg har allerede vært inne.
Vil du gå dit opp nå?	Nei, jeg har allerede vært der oppe.

IV.

Vi bor der ute.	Vi bor der ute.
(reiser)	Vi reiser dit ut.
(dit opp)	Vi reiser dit opp.
(står)	Vi står der oppe.
(inn i fjøset)	Vi står inne i fjøset.
(går)	Vi går inn i fjøset.
(dit bort)	Vi går dit bort.
(spiser)	Vi spiser der borte.
(hjem)	Vi spiser hjemme.
(kommer)	Vi kommer hjem.

Fjortende kapittel

V.

Jeg liker ikke bildet mitt.	Kjøp et annet bilde.
Jeg liker ikke bordene mine.	Kjøp noen andre bord.
Jeg liker ikke båten min.	Kjøp en annen båt.
Jeg liker ikke kua mi.	Kjøp ei anna ku.
Jeg liker ikke fjernsynet mitt.	Kjøp et annet fjernsyn.
Jeg liker ikke frimerkene mine.	Kjøp noen andre frimerker.
Jeg liker ikke kjøleskapet mitt.	Kjøp et annet kjøleskap.
Jeg liker ikke klokka mi.	Kjøp ei anna klokke.
Jeg liker ikke lenestolene mine.	Kjøp noen andre lenestoler.
Jeg liker ikke avisen min.	Kjøp en annen avis.

VI.

Er kommoden din stor?	Nei, den er liten.
Er problemet ditt stort?	Nei, det er lite.
Er klærne dine store?	Nei, de er små.
Er statuen din stor?	Nei, den er liten.
Er klokka di stor?	Nei, den er lita.
Er flagget ditt stort?	Nei, det er lite.
Er kattene dine store?	Nei, de er små.
Er spisestua di stor?	Nei, den er lita.
Er klassen din stor?	Nei, den er liten.
Er teppet ditt stort?	Nei, det er lite.

VII.

Vi har fine møbler i dag.	Hadde dere ikke fine møbler i går?
Vi er gode studenter i dag.	Var dere ikke gode studenter i går?
Vi spiser varm mat i dag.	Spiste dere ikke varm mat i går?
Vi går dit opp i dag.	Gikk dere ikke dit opp i går?
Vi ser på grønne trær i dag.	Så dere ikke på grønne trær i går?
Vi sier viktige ting i dag.	Sa dere ikke viktige ting i går?
Vi sover bra i dag.	Sov dere ikke bra i går?
Vi besøker fine folk i dag.	Besøkte dere ikke fine folk i går?
Vi kommer ut på landet i dag.	Kom dere ikke ut på landet i går?

LYTTEØVELSE

Lytt til historien om Marit og svar så på spørsmålene.

Marit er på besøk hos besteforeldrene sine i Oslo. De bor i et lite hus ved siden av en populær kafé. Gamle amerikanske og norske turister pleier å komme til kaféen når de er trøtte og sultne. De vil spise, drikke, og ta det med ro. Ofte har de gått og sett seg omkring i byen hele dagen. Turistene pleier å ta mange bilder av berømte og viktige steder. Marit liker å snakke med interessante turister. De kan fortelle henne mye interessant fra hele verden.

FEMTENDE KAPITTEL

I.

Hvor er papiret til Gro?	Odd kan ikke finne papiret hennes.
Hvor er båten til Odd?	Odd kan ikke finne båten sin.
Hvor er frimerkene til Lars?	Odd kan ikke finne frimerkene hans.
Hvor er mannen til Marit?	Odd kan ikke finne mannen hennes.
Hvor er kua til Odd?	Odd kan ikke finne kua si.
Hvor er skiene til Arne?	Odd kan ikke finne skiene hans.
Hvor er bunaden til Mette?	Odd kan ikke finne bunaden hennes.
Hvor er kartet til Odd?	Odd kan ikke finne kartet sitt.

II.

Kan du være så snill å sende meg saltet?	Kan du være så snill å sende meg saltet?
(saus)	Kan du være så snill å sende meg sausen?
(ost)	Kan du være så snill å sende meg osten?
(grønnsaker)	Kan du være så snill å sende meg grønnsakene?
(pepper)	Kan du være så snill å sende meg pepperet?
(kjøtt)	Kan du være så snill å sende meg kjøttet?
(fisk)	Kan du være så snill å sende meg fisken?

III.

Mor, Leif og Liv vasker seg ikke.	Leif og Liv, vask dere!
Mor, Leif kommer ikke til bordet.	Leif, kom til bordet!
Mor, Liv setter seg ikke ved bordet.	Liv, sett deg ved bordet!
Mor, Leif og Liv legger seg ikke på golvet.	Leif og Liv, legg dere på golvet!
Mor, Leif drikker ikke safta.	Leif, drikk safta!
Mor, Liv forsyner seg ikke av kålen.	Liv, forsyn deg av kålen!
Mor, Leif og Liv banker ikke på bordet.	Leif og Liv, bank på bordet!
Mor, Leif reiser seg ikke fra bordet.	Leif, reis deg fra bordet!
Mor, Liv gjør dette ikke.	Liv, gjør dette!
Mor, TA DET MED RO!!	

Femtende kapittel

IV.

Vil dere ha en kopp kaffe?	Ja, vi har lyst på en kopp kaffe.*
Vil dere drikke melk?	Ja, vi har lyst til å drikke melk.*
Vil dere se dere omkring?	Ja, vi har lyst til å se oss omkring.
Vil dere ha noen små smørbrød?	Ja, vi har lyst på noen små smørbrød.
Vil dere ha noen erter?	Ja, vi har lyst på noen erter.
Vil dere besøke slektningene deres?	Ja, vi har lyst til å besøke slektningene våre.
Vil dere ha et glass vin?	Ja, vi har lyst på et glass vin.
Vil dere smake på sausen?	Ja, vi har lyst til å smake på sausen.

V.

Har hun lyst på vin?	Nei, hun vil ikke ha vin.
Hadde hun lyst til å ta båten dit ut?	Nei, hun ville ikke ta båten dit ut.
Hadde hun lyst på is med sjokolade saus?	Nei, hun ville ikke ha is med sjokolade saus.
Har hun lyst til å vaske opp?	Nei, hun vil ikke vaske opp.
Har hun lyst på suppe?	Nei, hun vil ikke ha suppe.
Hadde hun lyst til å forsyne seg?	Nei, hun ville ikke forsyne seg.
Har hun lyst på litt kaffe?	Nei, hun vil ikke ha litt kaffe.
Hadde hun lyst til å danse?	Nei, hun ville ikke danse.

VI.

De spiser nå.	I går spiste de også.
De må reise seg nå.	I går måtte de også reise seg.
De sover nå.	I går sov de også.
De sier det nå.	I går sa de det også.
De kan vekke ham nå.	I går kunne de vekke ham også.
De ser på klokka nå.	I går så de på klokka også.
De vil begynne nå.	I går ville de begynne også.
De tar noen bilder nå.	I går tok de noen bilder også.
De får besøke mormor nå.	I går fikk de besøke mormor også.

DIKTAT

Et måltid

"Vær så god" sier moren min. "Maten står på bordet." Klokka er nå halv seks. Alle i familien min er sultne og har lyst til å spise. Vi setter oss og venter på maten. Rundt spisebordet vårt føler vi oss hjemme. Vi har spist mange deilige måltider her. På tirsdag pleier vi å spise fiskekaker og poteter, og i kveld har vi også erter. Desserten spiser vi etterpå. Alle vil smake på bløtkaka. Til slutt drikker vi litt kaffe mens vi tar det med ro.

* Please note error in response printed for this exercise in the workbook.

SEKSTENDE KAPITTEL

I.

Jeg ser en stor gård.	Jeg ser en stor gård.
(pen)	Jeg ser en pen gård.
(et hus)	Jeg ser et pent hus.
(høy)	Jeg ser et høyt hus.
(noen kirker)	Jeg ser noen høye kirker.
(interessant)	Jeg ser noen interessante kirker.
(en statue)	Jeg ser en interessant statue.
(moderne)	Jeg ser en moderne statue.
(et museum)	Jeg ser et moderne museum.
(norsk)	Jeg ser et norsk museum.
(noen skip)	Jeg ser noen norske skip.

II.

Han har en fin hund.	Hun har to fine hunder.
Han har et gammelt flagg.	Hun har to gamle flagg.
Han har ei morsom bok.	Hun har to morsomme bøker.
Han har et sultent barn.	Hun har to sultne barn.
Han har en liten linjal.	Hun har to små linjaler.
Han har et blått bilde.	Hun har to blå bilder.
Han har ei ny klokke.	Hun har to nye klokker.
Han har en vakker sofa.	Hun har to vakre sofaer.

III.

Huset er rødt.	Hvor er det røde huset?
Utsikten er fantastisk.	Hvor er den fantastiske utsikten?
Blomstene er vakre.	Hvor er de vakre blomstene?
Fela er gammel.	Hvor er den gamle fela?
Flagget er populært.	Hvor er det populære flagget?
Parkene er grønne.	Hvor er de grønne parkene?
Hotellet er rimelig.	Hvor er det rimelige hotellet?
Mannen er morsom.	Hvor er den morsomme mannen?
Barnet er trøtt.	Hvor er det trøtte barnet?

IV.

Er byen stor?	Nei, den er liten.
Er skipet stort?	Nei, det er lite.
Er flaska stor?	Nei, den er lita.
Er fiskene store?	Nei, de er små.
Er havna stor?	Nei, den er lita.
Er kafeene store?	Nei, de er små.
Er familien stor?	Nei, den er liten.
Er barna store?	Nei, de er små.

V.

Hvilket hus liker du?	Jeg liker det lille huset.
Hvilke stuer liker du?	Jeg liker de små stuene.
Hvilken båt liker du?	Jeg liker den lille båten.
Hvilke trær liker du?	Jeg liker de små trærne.
Hvilken øy liker du?	Jeg liker den lille øya.
Hvilket veggmaleri liker du?	Jeg liker det lille veggmaleriet.
Hvilke dyr liker du?	Jeg liker de små dyrene.
Hvilken katt liker du?	Jeg liker den lille katten.

Sekstende kapittel

VI.

Huset mitt er rødt.	Hvor er det røde huset ditt?
Blomstene hans er pene.	Hvor er de pene blomstene hans?
Fela vår er gammel.	Hvor er den gamle fela deres?
Flagget hennes er fargerikt.	Hvor er det fargerike flagget hennes?
Barna mine er sultne.	Hvor er de sultne barna dine?
Pianoet ditt er tysk.	Hvor er det tyske pianoet mitt?

VII.

Svein kjøper et hus.	Det nye huset til Svein er lite.
Jeg kjøper ei hytte.	Den nye hytta di er lita.
De kjøper et piano.	Det nye pianoet deres er lite.
Olson kjøper en gård.	Den nye gården til Olson er liten.
Du kjøper noen speil.	De nye speilene mine er små.
Turistene kjøper noen statuer.	De nye statuene til turistene er små.
Vi kjøper et fjernsyn.	Det nye fjernsynet deres er lite.
Bonden kjøper ei ku.	Den nye kua til bonden er lita.

DIKTAT

Et brev fra Bergen.

Bergen, den 4. juni

Kjære Far og Mor,

Ja, nå har det vært to uker siden jeg kom hit til Bergen. Jeg har ikke skrevet før fordi jeg har hatt så mye å gjøre. Her har jeg det svært hyggelig. Hver dag ser jeg meg omkring i byen. Alt er vakkert her --- båter, fjell, parker, de gamle bygningene, og den vakre, blå fjorden. Det regner ofte, men bergenserne liker seg ute allikevel. Jeg skal skrive et brev til i morgen.

Hilsen, Olav

SYTTENDE KAPITTEL

I.

Var hun i Oslo i går?	Nei, men hun er i Oslo nå.
Kunne hun vekke ham i går?	Nei, men hun kan vekke ham nå.
Skrev hun det lange brevet i går?	Nei, men hun skriver det lange brevet nå.
Sa hun "Takk for alt" i går?	Nei, men hun sier "Takk for alt" nå.
Gikk hun på kino i går?	Nei, men hun går på kino nå.
Hadde hun en bror i går?	Nei, men hun har en bror nå.
Så hun på klokka i går?	Nei, men hun ser på klokka nå.
Ville hun studere i går?	Nei, men hun vil studere nå.
Forstod hun spørsmålet i går?	Nei, men hun forstår spørsmålet nå.
Gjorde hun mye i går?	Nei, men hun gjør mye nå.

II.

Astrid bruker en traktor.	Er det Astrids traktor?
Han sitter i en lenestol.	Er det hans lenestol?
Per har en paraply med seg.	Er det Pers paraply?
Hun skriver med en penn.	Er det hennes penn?
Jeg ser på noen frimerker.	Er det dine frimerker?
Olson ligger på ei seng.	Er det Olsons seng?
Vi bor på en gård.	Er det deres gård?
Han finner ei klokke.	Er det hans klokke?

III.

Han pleier å sitte hjemme om kvelden.	Men i kveld sitter han ikke hjemme.
Han pleier å sove om natten.	Men i natt sover han ikke.
Han pleier å lese om formiddagen.	Men i formiddag leser han ikke.
Han pleier å gå i butikken om ettermiddagen.	Men i ettermiddag går han ikke i butikken.
Han pleier å melke kuene om morgenen.	Men i morges melket han ikke kuene.
Han pleier å se på fjernsyn om kvelden.	Men i kveld ser han ikke på fjernsyn.
Han pleier å arbeide om natten.	Men i natt arbeider han ikke.

IV.

Jeg er student nå.	Hvor lenge har du vært student?
Jeg spiser fisk nå.	Hvor lenge har du spist fisk?
Jeg tar det med ro nå.	Hvor lenge har du tatt det med ro?
Jeg kjenner ham nå.	Hvor lenge har du kjent ham?
Jeg forstår norsk nå.	Hvor lenge har du forstått norsk?
Jeg har den nye boka hans nå.	Hvor lenge har du hatt den nye boka hans?
Jeg ser på utsikten nå.	Hvor lenge har du sett på utsikten?
Jeg føler meg velkommen nå.	Hvor lenge har du følt deg velkommen?
Jeg trenger en venn nå.	Hvor lenge har du trengt en venn?
Jeg bruker en penn nå.	Hvor lenge har du brukt en penn?
Jeg smiler til naboen nå.	Hvor lenge har du smilt til naboen?

Syttende kapittel

V.

Vi besøkte slektningene våre da vi var i Norge.

Vi pleier å besøke slektningene våre når vi er i Norge.

Vi forstod det da han fortalte oss det.

Vi pleier å forstå det når han forteller oss det.

Vi drakk mye vin da vi spiste på restauranten.

Vi pleier å drikke mye vin når vi spiser på restauranten.

Vi gjorde det da han sa det.

Vi pleier å gjøre det når han sier det.

Vi leste avisen da vi kom hjem.

Vi pleier å lese avisen når vi kommer hjem.

Vi svarte på smørsmålet da han spurte oss.

Vi pleier å svare på spørsmålet når han spør oss.

Vi visste det da hun ringte til oss.

Vi pleier å vite det når hun ringer til oss.

Vi sov i senga da de serverte frokost.

Vi pleier å sove i senga når de serverer frokost.

VI.

Kjøpte du erter da du var i butikken?

Ja, da kjøpte jeg erter.

Tok du toget til Bergen da du var to år gammel?

Ja, da tok jeg toget til Bergen.

Koste du deg da du var hos meg?

Ja, da koste jeg meg.

Skynte du deg da du hadde dårlig tid?

Ja, da skyndte jeg meg.

Drakk du øl da du kom inn?

Ja, da drakk jeg øl.

Stod du opp da jeg ringte deg?

Ja, da stod jeg opp.

Ble du sulten da jeg satte maten på bordet?

Ja, da ble jeg sulten.

Tok du fram fela di da du ville synge?

Ja, da tok jeg fram fela mi.

DIKTAT

1. Vi har gått omkring i gatene og vi har gjort mange interessante ting.
2. Det nye akvariet er like populært som den gamle stavkirken.
3. Hva var klokka da du stod opp i morges?
4. Vi begynte å bli trøtte ved ti-tiden.
5. Turistene så sultne ut da de gikk tilbake til hotellet.

ATTENDE KAPITTEL

I.

Bestilte hun det i går?	Nei, men hun bestiller det nå.
Spiste han det i går?	Nei, men han spiser det nå.
Smakte det godt i går?	Nei, men det smaker godt nå.
Forsynte hun seg av det i går?	Nei, men hun forsyner seg av det nå.
Begynte han å studere i går?	Nei, men han begynner å studere nå.
Leste hun avisen i går?	Nei, men hun leser avisen nå.
Skyndte han seg i går?	Nei, men han skynder seg nå.
Glemte hun det i går?	Nei, men hun glemmer det nå.

II.

Drikker han?	Ja, det gjør han.
Skrev de brevet?	Ja, det gjorde de.
Har hun invitert noen venner?	Ja, det har hun gjort.
Regner det?	Ja, det gjør det.
Pleier han å gå lange turer?	Ja, det pleier han å gjøre.
Leste hun mye i går?	Ja, det gjorde hun.
Har de sunget mye?	Ja, det har de gjort.
Solgte hun bilen?	Ja, det gjorde hun.

III.

Bruker du Pers bil?	Nei, jeg har min egen bil.
Bruker hun Pers hus?	Nei, hun har sitt eget hus.
Bruker dere Pers båt?	Nei, vi har vår egen båt.
Bruker han Pers linjaler?	Nei, han har sine egne linjaler.
Bruker jeg Pers sofa?	Nei, du har din egen sofa.
Bruker du Pers kart?	Nei, jeg har mitt eget kart.
Bruker vi Pers penger?	Nei, dere har deres egne penger.
Bruker de Pers gård?	Nei, de har sin egen gård.

IV.

Vi kjøper et nytt piano.	Kjøpte dere ikke et nytt piano for noen uker siden?
Han selger gitaren sin.	Solgte han ikke gitaren sin for noen uker siden?
Det skjer noe imponderende.	Skjedde det ikke noe imponerende for noen uker siden?
Hun begynner å snakke norsk.	Begynte hun ikke å snakke norsk for noen uker siden?
Vi gjør reint.	Gjorde dere ikke reint for noen uker siden?
De blir sultne.	Ble de ikke sultne for noen uker siden?
Han klipper håret.	Klippet han ikke håret for noen uker siden?
Jeg prøver å lære norsk.	Prøvde du ikke å lære norsk for noen uker siden?

Attende kapittel

V.

Vi fortalte ham det i går.	Hadde dere ikke fortalt ham det før?
Vi prøvde å begynne i går.	Hadde dere ikke prøvd å begynne før?
Vi gav henne bøkene våre i går.	Hadde dere ikke gitt henne bøkene deres før?
Vi ringte noen venner i går.	Hadde dere ikke ringt noen venner før?
Vi bodde på et hotell i går.	Hadde dere ikke bodd på et hotell før?
Vi hadde det hyggelig i går.	Hadde dere ikke hatt det hyggelig før?
Vi leide en bil i går.	Hadde dere ikke leid en bil før?
Vi spurte mannen om det i går.	Hadde dere ikke spurt mannen om det før?

UTTALEØVELSE
Les setningen etter at du hører klokka.

1. Hun gikk i går tidlig.
2. Hun arbeidet på hotellet.
3. De gav ham tolv kroner.
4. Drog dere dit i går kveld? *
5. Det stod en kirke der før atten seksten.

DIKTAT
1. Gjestene visste at de hadde solgt båten sin.
2. Studentbyene ligger et stykke fra universitetet.
3. Sverre studerer geografi og økonomi.
4. Vi steikte våre egne pølser på bålet.
5. I kveld måtte hun til lesesalen for å sitte og lese.

*Note mistake in punctuation in workbook.

NITTENDE KAPITTEL

I.

Vi laget middag først.
  Vi spiste etterpå.
Vi gledet oss til et glass øl.
  Vi drakk etterpå.
Vi gikk opp først.
  Vi kom ned etterpå.
Vi ble trøtte først.
  Vi sovnet etterpå.
Vi sendte maten rundt bordet.
  Vi forsynte oss etterpå.
Vi måtte stå først.
  Vi kunne sitte etterpå.
Vi melket kua først.
  Vi drakk melken etterpå.

Først laget vi middag, så spiste
  vi.
Først gledet vi oss til et glass
  øl, så drakk vi.
Først gikk vi opp, så kom vi ned.

Først ble vi trøtte, så sovnet vi.

Først sendte vi maten rundt bordet,
  så forsynte vi oss.
Først måtte vi stå, så kunne vi
  sitte.
Først melket vi kua, så drakk vi
  melken.

II.

Han kjørte en ny bil.
  Hun hadde kjøpt bilen.
Han spiste en deilig middag.
  Hun hadde laget middagen.
Han leste ei interessant bok.
  Hun hadde skrevet boka.
Han viste dem et stort bål.
  Hun hadde tent bålet.
Han drakk fra ei lita flaske.
  Hun hadde åpnet flaska.
Han spilte på et gammelt
  instrument. Hun hadde leid
  instrumentet.

Han kjørte den nye bilen som hun
  hadde kjøpt.
Han spiste den deilige middagen som
  hun hadde laget.
Han leste den interessante boka som
  hun hadde skrevet.
Han viste dem det store bålet som
  hun hadde tent.
Han drakk fra den lille flaska som
  hun hadde åpnet.
Han spilte på det gamle instrumentet
  som hun hadde leid.

III.

Har du sett mange pene værelser?

Har du sett mange høye fjell?

Har du sett mange små fly?

Har du sett mange norske
  frimerker?
Har du sett mange fantastiske
  sjødyr?
Har du sett mange interessante
  museer?
Har du sett mange lange
  vikingskip?
Har du sett mange morsomme
  skuespill?

Nei, jeg har sett bare ett pent
  værelse.
Nei, jeg har sett bare ett høyt
  fjell.
Nei, jeg har sett bare ett lite
  fly.
Nei, jeg har sett bare ett norsk
  frimerke.
Nei, jeg har sett bare ett
  fantastisk sjødyr.
Nei, jeg har sett bare ett
  interessant museum.
Nei, jeg har sett bare ett langt
  vikingskip.
Nei, jeg har sett bare ett morsomt
  skuespill.

IV.

Synger de pene sanger?
Synger de fine sanger?
Synger de gode sanger?
Synger de vakre sanger?
Synger de dårlige sanger?
Synger de flotte sanger?

Ja, og de synger dem pent.
Ja, og de synger dem fint.
Ja, og de synger dem godt.
Ja, og de synger dem vakkert.
Ja, og de synger dem dårlig.
Ja, og de synger dem flott.

Nittende kapittel

DIKTAT

1. Finn, som er seksten år gammel, er elev på den videregåendeskole.
2. Halldis prøvde å gjøre reint for noen uker siden.
3. Mange forskjellige ting skal skje om et øyeblikk.
4. Hvor lenge har du stått ved trikkeholdeplassen?
5. Gården deres er et hyggelig sted og vi følte oss velkommen med det
   samme.

TJUENDE KAPITTEL

I.

Jeg har lyst på denne stolen.	Men jeg vil heller ha den stolen.
Jeg har lyst på disse grønnsakene.	Men jeg vil heller ha de grønnsakene.
Jeg har lyst på denne boka.	Men jeg vil heller ha den boka.
Jeg har lyst på dette bildet.	Men jeg vil heller ha det bildet.
Jeg har lyst på disse pærene.	Men jeg vil heller ha de pærene.
Jeg har lyst på denne fisken.	Men jeg vil heller ha den fisken.
Jeg har lyst på dette smørbrødet.	Men jeg vil heller ha det smørbrødet.
Jeg har lyst på disse knivene.	Men jeg vil heller ha de knivene.

II.

De fjellene er høye.	Men det fjellet er også høyt.
Disse bilene er store.	Men denne bilen er også stor.
Disse eplene er grønne.	Men dette eplet er også grønt.
De kafëene er fulle.	Men den kafeen er også full.
De ordene er vanskelige.	Men det ordet er også vanskelig.
Disse blomstene er vakre.	Men denne blomsten er også vakker.
Disse barna er snille.	Men dette barnet er også snilt.
De lesesalene er stille.	Men den lesesalen er også stille.

III.

Mor, Jens sa at han var høy.	Ja, men du er egentlig høyere, Anna.
Mor, Jens sa at han var viktig.	Ja, men du er egentlig viktigere, Anna.
Mor, Jens sa at han var flott.	Ja, men du er egentlig flottere, Anna.
Mor, Jens sa at han var sunn.	Ja, men du er egentlig sunnere, Anna.
Mor, Jens sa at han var sulten.	Ja, men du er egentlig sultnere, Anna.
Mor, Jens sa at han var sterk.	Ja, men du er egentlig sterkere, Anna.
Mor, Jens sa at han var morsom.	Ja, men du er egentlig morsommere, Anna.
Mor, Jens sa at han var ung.	Ja, men du er egentlig yngre, Anna.

IV.

Mor, Anna sa at hun var høyere enn meg.	Nei, Jens, du er forresten den høyeste i hele familien.
Mor, Anna sa at hun var viktigere **enn** meg.	Nei, Jens, du er forresten den viktigste i hele familien.
Mor, Anna sa at hun er flottere enn meg.	Nei, Jens, du er forresten den flotteste i hele familien.
Mor, Anna sa at hun er sunnere enn meg.	Nei, Jens, du er forresten den sunneste i hele familien.
Mor, Anna sa at hun er sultnere enn meg.	Nei, Jens, du er forresten den sulteste i hele familien.
Mor, Anna sa at hun er morsommere enn meg.	Nei, Jens, du er forresten den morsomste i hele familien.
Mor, Anna sa at hun er yngre enn meg.	Nei, Jens, du er forresten den yngste i hele familien.

Tjuende kapittel

V.

Det blir seint, og vi blir sultne.	Jo seinere det blir, jo sultnere blir vi.
Himmelen er blå, og det blir varmt.	Jo blåere himmelen er, jo varmere blir det.
Han presenterer mange folk for meg, og jeg har det hyggelig.	Jo flere folk han presenterer for meg, jo hyggeligere har jeg det.
Vi ser ham ofte, og han blir sterk.	Jo oftere vi ser ham, jo sterkere blir han.
Vi skynder oss mye, og det blir vanskelig.	Jo mer vi skynder oss, jo vanskeligere blir det.
Vi snakker norsk mye, og vi lærer det godt.	Jo mer vi snakker norsk, jo bedre lærer vi det.

LYTTEØVELSE

Slå sirkel rundt tallene som blir lest:

1. åtti
2. tjue
3. fem og tredve
4. nittito
5. syv og tyve
6. hundre og fem og sytti

DIKTAT

1. Jeg skulle ha to brød og noen rundstykker.
2. Bjørg tar gjerne en sukkerbit til kaffen.
3. Hadde dere ikke råd til den nye hytta?
4. Forelesningssalene ligger i over tredve forskjellige bygninger.
5. I morges stod vi opp halv syv.

TJUEFØRSTE KAPITTEL

DIKTAT
1. De billigste værelsene er eldre enn de dyreste.
2. Jo større barna blir, jo morsommere er det å kjøpe klær til dem.
3. Jeg vil heller gi henne oppskriften på bløtkaka mi.
4. Vi har dessverre ikke dette skjørtet i rødrutet stoff.
5. Hvilken størrelse bruker den kunden?

TJUEANNET KAPITTEL

DIKTAT
1. I Norge drar mange folk til fjells i påsken.
2. Er du glad i å gå på ski?
3. Om sommeren pleier vi å reise til utlandet med tog.
4. Været kan være mildt og skjønt eller kaldt og surt.
5. Disse brevene må komme fram så fort som mulig.

TJUETREDJE KAPITTEL

I.

Jeg er ikke sulten.	Hun sier at hun ikke er sulten.
Jeg blir ikke sjøsyk.	Hun sier at hun ikke blir sjøsyk.
Jeg kjører ikke bil.	Hun sier at hun ikke kjører bil.
Jeg liker meg ikke i Oslo.	Hun sier at hun ikke liker seg i Oslo.
Jeg vil ikke kjøpe denne kjolen.	Hun sier at hun ikke vil kjøpe denne kjolen.
Jeg kan ikke drikke mer kaffe.	Hun sier at hun ikke kan drikke mer kaffe.
Jeg liker ikke å skrive brev.	Hun sier at hun ikke liker å skrive brev.

II.

Alle kan snakke norsk.	Men her er noen som ikke kan snakke norsk.
Alle liker å ta toget.	Men her er noen som ikke liker å ta toget.
Alle smiler til mannen.	Men her er noen som ikke smiler til mannen.
Alle pleier å gå med paraply.	Men her er noen som ikke pleier å gå med paraply.
Alle liker seg om sommeren.	Men her er noen som ikke liker seg om sommeren.
Alle drikker kaffe.	Men her er noen som ikke drikker kaffe.

III.

Hun spiser gjerne fisk.	Sier du at hun gjerne spiser fisk?
Han snakker alltid norsk.	Sier du at han alltid snakker norsk.
De er dessverre syke.	Sier du at de dessverre er syke?
Han har nettopp sagt det.	Sier du at han nettopp har sagt det?
De forstår virkelig dette.	Sier du at de virkelig forstår dette?
Han tar vanligvis buss.	Sier du at han vanligvis tar buss?
Hun er alltid trøtt.	Sier du at hun alltid er trøtt?

IV.

Hva heter du?	Hun vet ikke hva jeg heter.
Når ble du født?	Hun vet ikke når jeg ble født.
Hvor gammel er du?	Hun vet ikke hvor gammel jeg er.
Hvorfor skynder du deg?	Hun vet ikke hvorfor jeg skynder meg.
Hvor skal du?	Hun vet ikke hvor jeg skal.
Hvordan har du det?	Hun vet ikke hvordan jeg har det.
Hva vil du ha?	Hun vet ikke hva jeg vil ha.

DIKTAT

1. Som regel er veiene i landet smale.
2. Hva synes du om denne lange kjolen?
3. Mange turister går på gata i hovedstaden nå.
4. På torget selger de kjøtt og fisk.

TJUEFJERDE KAPITTEL

I.

Han ringte mens du var ute.	Mens jeg var ute, ringte han.
Han ble syk mens du var ute.	Mens jeg var ute, ble han syk.
Han kom på besøk mens du var ute.	Mens jeg var ute, kom han på besøk.
Han gikk mens du var ute.	Mens jeg var ute, gikk han.
Han måtte stå der mens du var ute.	Mens jeg var ute, måtte han stå der.
Han ville vaske opp mens du var ute.	Mens jeg var ute, ville han vaske opp.
Han begynte å synge mens du var ute.	Mens jeg var ute, begynte han å synge.

II.

De er ofte her.	Fordi de ofte er her, liker vi dem.
De vasker alltid opp.	Fordi de alltid vasker opp, liker vi dem.
De reiser vanligvis med buss.	Fordi de vanligvis reiser med buss, liker vi dem.
De blir aldri sjøsyke.	Fordi de aldri blir sjøsyke, liker vi dem.
De har nettopp kommet.	Fordi de nettopp har kommet, liker vi dem.
De kjøper gjerne sjokolade.	Fordi de gjerne kjøper sjokolade, liker vi dem.
De jobber fremdeles.	Fordi de jobber fremdeles, liker vi dem.
De har nesten gjort det.	Fordi de nesten har gjort det, liker vi dem.

III.

Har du mer enn én fot?	Ja, jeg har to føtter.
Har du mer enn én finger?	Ja, jeg har ti fingrer.
Har du mer enn ett kne?	Ja, jeg har to knær.
Har du mer enn ei tann?	Ja, jeg har mange tenner.
Har du mer enn ett øye?	Ja, jeg har to øyne.
Har du mer enn én hånd?	Ja, jeg har to hender.
Har du mer enn ei tå?	Ja, jeg har ti tær.

DIKTAT

1. Norge er et utrolig langt land.
2. Det er mange bruer på grunn av de mange øyene og fjordene.
3. Var det ellers noe nytt?
4. Pasienten har vondt i hodet, og han stønner høyt.
5. Legen undersøkte begge hendene og begge føttene.

TJUEFEMTE KAPITTEL

I.

Anne selger huset.	Huset blir solgt av Anne.
Anne finner bildene.	Bildene blir funnet av Anne.
Anne skriver brevene.	Brevene blir skrevet av Anne.
Anne tenner bålet.	Bålet blir tent av Anne.
Anne vasker bilen.	Bilen blir vasket av Anne.
Anne vekker Øystein.	Øystein blir vekket av Anne.
Anne betaler regningen.	Regningen blir betalt av Anne.
Anne gjør det.	Det blir gjort av Anne.
Anne steiker pølsene.	Pølsene blir steikt av Anne.

II.

Han finner passet.	Passet blir funnet.
Han har solgt huset.	Huset har blitt solgt.
Han fant passet.	Passet ble funnet.
Han har solgt huset.	Huset har blitt solgt.
Han må finne passet.	Passet må bli funnet.
Han selger huset.	Huset blir solgt.
Han har funnet passet.	Passet har blitt funnet.
Han skal selge huset.	Huset skal bli solgt.

III.

De drikker kaffe der.	Kaffe drikkes der.
De snakker engelsk der.	Engelsk snakkes der.
De serverer mat der.	Mat serveres der.
De klipper hår der.	Hår klippes der.
De åpner dørene der.	Dørene åpnes der.
De kjører bil der.	Bil kjøres der.
De koker egg der.	Egg kokes der.

DIKTAT

1. Taket på stavkirken er nesten like sterkt som et vikingskip.
2. Flybilletter er dyrere enn togbilletter, men turen tar mindre tid.
3. Det er faktisk svært koselig om vinteren i Norge.
4. Spørsmålet var så vanskelig at jeg ikke var sikker på svaret.
5. Landets politikk kritiseres av mange nordmenn.

TJUESJETTE KAPITTEL

I.

Jeg kan snakke norsk.	Hun sa at hun kunne snakke norsk.
Jeg selger bilen min.	Hun sa at hun solgte bilen sin.
Jeg skal invitere ham.	Hun sa at hun skulle invitere ham.
Jeg legger meg klokka ti.	Hun sa at hun la seg klokka ti.
Jeg har mange penger.	Hun sa at hun hadde mange penger.
Jeg tar mange bilder.	Hun sa at hun tok mange bilder.
Jeg må studere.	Hun sa at hun måtte studere.
Jeg vil gifte meg.	Hun sa at hun ville gifte seg.

II.

Kan du snakke norsk?	Han spurte om jeg kunne snakke norsk.
Har du mange penger?	Han spurte om jeg hadde mange penger.
Må du vaske opp?	Han spurte om jeg måtte vaske opp.
Finner du en jobb?	Han spurte om jeg fant en jobb.
Er du lege?	Han spurte om jeg var lege.
Vet du det?	Han spurte om jeg visste det.
Vil du gifte deg?	Han spurte om jeg ville gifte meg.

III.

Har du spist ennå?	Nei, men jeg kommer til å spise snart.
Har du stått opp ennå?	Nei, men jeg kommer til å stå opp snart.
Har du fortalte ham det ennå?	Nei, men jeg kommer til å fortelle ham det snart.
Har du begynt ennå?	Nei, men jeg kommer til å begynne snart.
Har du gjort reint ennå?	Nei, men jeg kommer til å gjøre reint snart.
Har du dratt dit opp ennå?	Nei, men jeg kommer til å dra dit opp snart.
Har du lagt deg ennå?	Nei, men jeg kommer til å legge meg snart.

IV.

Spiste du frokost?	Ja, jeg satt og spiste frokost i to timer.
Har du lest avisen?	Ja, jeg har sittet og lest avisen i to timer.
Har du tenkt på henne?	Ja, jeg har sittet og tenkt på henne i to timer.
Skrev du brev?	Ja, jeg satt og skrev brev i to timer.
Har du drukket te?	Ja, jeg har sittet og drukket te i to timer.
Ventet du på ham?	Ja, jeg satt og ventet på ham i to timer.
Så du på fjernsyn?	Ja, jeg satt og så på fjernsyn i to timer.

Tjuesjette kapittel

DIKTAT
1. Har Norge stor militær og politisk innflytelse?
2. Solveigs tale er både morsom og underholdende.
3. Jeg er redd for at han har forandret seg.
4. Ville oljen ødelegge kysten og strendene?
5. Brudgommen var kledd i kjole og hvitt.

TJUESJUENDE KAPITTEL

DIKTAT
1. Vi er enige om at det var morsomt å lære norsk.
2. Får du et godt tilbud, kan du kjøpe leiligheten.
3. Familien måtte planlegge hele ferien nøye.
4. Svein lå og leste ukeblad på senga.
5. Han er flink til å spille kort.

TJUEATTENDE KAPITTEL

DIKTAT
1. Snøen dekker fjellet så langt øyet rekker.
2. Vi bad dem om å gjøre dette for oss.
3. Svein sier at han aldri kommer til å bli gift.
4. Består mye av Norges areal av byer og tettsteder?
5. Takk for nå. Adjø.

/i/-/e/-/æ/

I. Circle the vowel or word you hear:

   1. /e:/
   2. /æ:/
   3. /i:/
   4. si
   5. ler
   6. pen

III. Write the word which is spoken:

   1. tre   5. si
   2. fabrikk   6. penn
   3. liker   7. vært
   4. være   8. litt

/a/-/å/-/ø/

I. Circle the vowel or word you hear:

   1. /æ:/
   2. /å:/
   3. /ø:/
   4. /e:/
   5. så
   6. der
   7. hatt

III. Write the word which is spoken:

   1. åtte   6. alt
   2. tak   7. forstår
   3. kjøper   8. før
   4. studerer   9. takk
   5. viskelær   10. værelse

/o/-/u/-/y/

I. Circke the vowel or word you hear:

   1. /i:/   6. nyss
   2. /ø:/   7. ny
   3. /o:/   8. bor
   4. /y:/   9. tå
   5. /u:/   10. mote

III. Write the word which is spoken:

   1. sju   6. år
   2. skole   7. øre
   3. by   8. bare
   4. jobb   9. stykke
   5. gutten   10. hun

all single vowels

I. Is the stressed vowel long or short?

1. bor   long
2. bodde short
3. gått   short
4. står   long
5. tak   long
6. kaffe short
7. butikk short

8. avis   long
9. Amerika long
10. stemmer short
11. kafé   long
12. unnskyld short
13. hus   long

II. Circle the word you hear:

1. sy
2. for
3. var
4. står
5. sette
6. føll
7. litt

8. lus
9. kor
10. hvitt
11. leke
12. bake
13. løkker
14. ful

IV. Write the words you hear spoken:

1. takk
2. er
3. åtti
4. hus
5. bok

6. kunne
7. tysk
8. fire
9. gjør
10. vegg

/æi/-/æu/-/øy/

I. Circle the vowel, diphthong, or word you hear:

1. /æu/
2. /æi/
3. /ø:/
4. høyre
5. jeg

6. se
7. meg
8. sy
9. spill
10. sauer

II. Write the word you hear spoken:

1. jeg
2. tau
3. tøy

4. pause
5. veien
6. Øyvind

Trykklett /e/ og /a/

I. Circle the word you hear:

1. barnet
2. Anna
3. stua
4. Ole
5. klokka

6. gate
7. kassa
8. historie
9. fele
10. lista

III. Write the word you hear spoken:

1. gate
2. Anna
3. barnet
4. stue

5. familie
6. klokke
7. tavla
8. barna

/kj/-/sj/

I. For each word, mark whether you hear /kj/ or /sj/:

1. /kj/ kjøper
2. /kj/ tjue
3. /sj/ sju
4. /kj/ kjenner
5. /kj/ kjære
6. /sj/ skip

III. Write the word you hear spoken:

1. kjære
2. sju
3. unnskyld
4. spørsmål
5. slutt

6. tjue
7. kjøper
8. kanskje
9. norsk
10. kirke

/t̩/--/d̩/--/n̩/--/ng/--og konsonantforbindelser

II. Write the word you hear spoken:

1. borte
2. gang
3. snart
4. stein
5. kne

6. barnet
7. vært
8. står
9. engelsk
10. morn

"Stumme" konsonanter, gi og gy

I. In each word, underline the consonants which are not pronounced:

1. det   6. dårlig

2. landet   7. hvordan

3. alltid   8. tolv

4. hjalp   9. imponerende

5. gjorde   10. stod

III. Write the word you hear spoken:

1. alltid   6. gift
2. hvit   7. god
3. hjemme   8. riktig
4. gjøre   9. hva
5. det   10. også

Trykk og tonemer

I. Underline the vowel or diphthong in the syllable which is stressed:

1. Jorunn   6. videre

2. kunne   7. papir

3. arbeider   8. linjal

4. imponerende   9. fordi

5. tennene   10. restaurant

III. Is tone 1 or tone 2 used with each word?

1. pike   tone 2
2. veggene tone 2
3. klokka   tone 2
4. hjemmet tone 1
5. hjemme tone 2
6. spørre   tone 2
7. bonde   tone 2
8. bønder   tone 1